inolvidables

40 lugares
del mundo

inolvidables

40 lugares
del mundo

Steve Davey   **BLUME**

12 ANGKOR WAT, CAMBOYA

18 SAN PETERSBURGO, RUSIA

36 EL GRAN CAÑÓN, ARIZONA, EE.UU.

42 TAJ MAHAL, AGRA, INDIA

60 AITUTAKI, ISLAS COOK

66 PIRÁMIDE DE KUKULCÁN, MÉXICO

84 CATARATAS DE IGUAZÚ, BRASIL Y ARGENTINA

90 PETRA, JORDANIA

108 RÍO DE JANEIRO, BRASIL

114 SELVA DEL TAMAN NEGARA, MALASIA

24 LA HABANA, CUBA

30 WAT PHRA KAEO, BANGKOK, TAILANDIA

48 CASTILLO DE EILEAN DONAN, ESCOCIA

54 LA ALHAMBRA, GRANADA, ESPAÑA

72 VENECIA, ITALIA

78 DEAD VLEI, NAMIBIA

CONTENIDO

96 EL FIORDO COLLEGE, ALASKA, EE.UU.

102 EL TEMPLO DE KARNAK, LUXOR, EGIPTO

120 LA FORTALEZA DE JAISALMER, INDIA

126 LAS ISLAS GALÁPAGOS, ECUADOR

132 MANHATTAN, NUEVA YORK, EE.UU.

138 EL LAGO TITICACA, BOLIVIA Y PERÚ

156 SANTORINI, GRECIA

162 EL ANFITEATRO, DRAKENSBERG, SUDÁFRIC

180 LALIBELA, ETIOPÍA

186 MACHU PICCHU, PERÚ

204 GRAN BARRERA DE ARRECIFES DE CORAL, AUSTRALIA

210 LHASA, TÍBET

144 LOS JARDINES DE MONET, GIVERNY, FRANCIA

150 EL CRÁTER DEL NGORONGORO, TANZANIA

168 ZANZÍBAR, TANZANIA

174 MAKALU, HIMALAYA, NEPAL

192 ULURU, AUSTRALIA

198 LOS *GHATS*, VARANASI, INDIA

216 YANGSHUO, GUILIN, CHINA

222 DUBROVNIK, CROACIA

240 SAMARCANDA, UZBEKISTÁN

246 KILLARY HARBOUR, CONNEMARA, IRLANDA

¿Qué es un lugar inolvidable? La respuesta obvia es «un lugar que siempre recordaremos», pero para mí es mucho más que eso. Es el tipo de lugar que desde el momento en que sabes que existe sientes el deseo imperioso de visitarlo. Por ejemplo, es posible que uno recuerde con gran detalle todo aquello que se vivió en el último viaje a la India, pero en el fondo lo que le llevó a uno a realizar dicho viaje fue el deseo de contemplar la belleza extemporánea del Taj Mahal. El presente libro reúne 40 de estos inolvidables lugares según un criterio (el mío) estrictamente personal.

Existen algunos sitios en el mundo, tales como el Taj Mahal, Uluru (Ayers Rock), el Gran Cañón, Manhattan y el Machu Picchu, que forman parte de nuestra conciencia colectiva. Casi todo el mundo los tiene en su lista de los lugares que quiere visitar y por ello mismo resultaría imperdonable no incluirlos en este libro. Espero que su presencia en el mismo sirva como recordatorio de que deben visitarse por lo menos una vez en la vida.

He incluido otros destinos menos conocidos a los que tal vez jamás se nos hubiera ocurrido viajar. Confío en que su inclusión les lleve a incorporarlos a las listas de «lugares que hay que visitar». La mítica ciudad de Samarcanda, los majestuosos y ocultos templos de Lalibela e incluso el caos de la ciudad de Zanzíbar son, todos ellos, lugares dignos de ser visitados. (El mapa de las páginas 252 y 253 muestra la localización de todos).

He incluido también los que considero los mejores entre lo que podríamos llamar «destinos genéricos». ¿Cuántas veces nos hemos dicho que nos gustaría ver una selva o una espectacular catarata. Este libro incluye los mejores destinos de este tipo según mi modesto criterio: el parque nacional de Sossusvlei, sin duda el desierto más asombroso del mundo; Taman Negara, la selva más antigua; las cataratas de Iguazú, las más espectaculares, y el cráter del Ngorongoro, el lugar más impresionante para observar la fauna salvaje africana.

Muchos de los lugares que he escogido son excepcionales desde cualquier punto de vista. Pero ¿estará el lector de acuerdo con mi selección? Lo dudo. Por sus características intrínsecas, este libro es de carácter subjetivo y admite un sinfín de propuestas alternativas. Algunas personas me han preguntado por qué, por ejemplo, no está París, pero si tuviera que incluir en la lista una ciudad europea romántica, no dudaría ni un momento en elegir Venecia en invierno. Cada uno tiene sus lugares favoritos, sus «destinos inolvidables» particulares. Éstos son los míos, fruto de muchos años de viajes.

He intentado que el libro resulte lo más actual posible. Existen miles de fotografías de muchos de los lugares seleccionados en él, pero en vez de ilustrarlo con algunas de ellas que, a menudo, están desfasadas o bien ya no se corresponden con la realidad, Marc Schlossman y yo decidimos hacer fotos nuevas. Las imágenes captadas en ellas son de hace nueve meses como máximo para lo cual pasamos solamente unos pocos días en cada lugar. De este modo, dichas imágenes reflejan lo que el lector podría ver realmente al visitar cada uno de los diferentes lugares. En este libro no se muestran vistas inalcanzables, sino lo que realmente se ve si se pasan tres o cuatro días en las islas Galápagos, en Río, en Venecia o en el cráter del Ngorongoro. Algunas veces los cielos están algo más nublados de lo que lo están en las postales, pero hay que tener en cuenta que tomamos las fotografías en un frenético viaje alrededor del mundo. He intentado plasmar en el libro esa misma excitación y entusiasmo.

También he querido transmitir al lector cierto sentido de la localización. He evitado en lo posible generalizar, concentrando la atención en un punto bastante específico, ese lugar al que se podría llevar a alguien con los ojos vendados y mostrárselo de golpe en todo su esplendor. En el caso de Nueva York, este punto es sin duda la isla de Manhattan, y en el de la Gran Barrera de Coral, con sus 2.000 km de longitud, es la isla Heron, uno de los pocos cayos de coral situados sobre el mismo arrecife y en el que uno se puede poner de pie.

Espero que este libro guste tanto a los viajeros de salón como a los amantes de la acción más directa. En estos tiempos en los que nos preocupan el terrorismo, las enfermedades y la inestabilidad política son muchos los que han dudado de mi cordura por viajar a lugares del mundo con tan mala reputación. Sin embargo, puedo decir que jamás me han robado ni me han amenazado, ninguna línea aérea me ha perdido el equipaje y lo más cerca que he estado de un arma blanca fue en el barbero, en el viejo pueblo de Godaulia, en Varanasi. He caminado solo por la playa de Copacabana al amanecer cargado con un montón de cámaras, he hecho excursiones en solitario a través de la selva, he visitado un Oriente Medio prácticamente desierto de turistas occidentales en plena guerra y no he encontrado más que cortesía y hospitalidad. Es evidente que pueden suceder cosas desagradables cuando se viaja, pero pasan con mucha menor frecuencia de lo que cabría esperar. De todos modos, cuando uno se pone en camino, debe disponer de un seguro que cubra la mayor parte de los posibles contratiempos.

Los viajes son una fuente inagotable de recuerdos. Los habrá más gráficos, ideales para compartir con familiares y amigos; como las fotografías y las postales de un amanecer en Angkor Wat, una puesta de sol en Uluru o la primera estampa de la plaza de San Marcos cuando se llega a Venecia en embarcación desde el aeropuerto. Estas experiencias te acompañan para siempre. Pero su recuerdo vendrá acompañado de otros que no pueden reproducirse por ningún medio: una barbacoa con los beduinos en los alrededores de Petra, comprar especias (con el obligado regateo) en un bazar de Uzbekistán o comer con una familia tibetana después de un festival en la fabulosa ciudad de Lhasa. Estas experiencias no tienen precio. No se consiguen ni en un tren de cercanías ni en un supermercado. Esa búsqueda, que llega a crear adicción, de vistas, colores, sensaciones y experiencias le hace a uno sentirse realmente vivo. Espero que este libro le lleve a viajar a por lo menos alguno de estos lugares inolvidables y crear así sus propios e imborrables recuerdos.

Steve Davey, 2004

Angkor Wat
Camboya

A pesar de que los alrededores de Angkor se han ajardinado, todavía es posible imaginar cómo esta ciudad permaneció «perdida» para el mundo exterior durante siglos, en concreto hasta que el explorador francés Henri Mahout la descubriera, oculta en el medio de la jungla, en 1860.

Angkor fue la capital de la civilización jemer, que floreció durante casi cinco siglos hasta que fue saqueada por los invasores tailandeses en 1431. Alcanzó su apogeo en el siglo XII, con la erección del templo que más tarde se conocería como Angkor Wat y la posterior construcción de Angkor Thom, una ciudadela real dentro de la misma ciudad.

El templo fue construido por el rey Suryavarman como una representación del monte Meru, el mítico centro sagrado del hinduismo. Se compone de una estructura rectangular en tres niveles orientada hacia el oeste y rodeada por un gran foso, sobre el que se erige una calzada de piedra. El

Monjes bajando por los escalones del tercer nivel de Angkor Wat.

nivel superior, accesible en el pasado únicamente a los sacerdotes y al rey, está coronado por cuatro torres repartidas en cada una de las esquinas y un santuario central a 65 metros sobre el nivel del suelo. En un principio se consagró al dios hindú Shiva, pero más tarde se convirtió en un *wat*, o monasterio budista, y en la actualidad es el gran centro espiritual de los budistas camboyanos.

A pesar de más de ocho siglos de saqueos y erosión, las tallas de Angkor Wat han conservado toda su belleza, abrumadora en sus detalles. En las galerías de bajorrelieves, las más largas del mundo, se reproducen escenas del gran *Mahabharata*, poema épico hindú, así como episodios bélicos de la historia jemer y admoniciones sobre las torturas del infierno.

El mejor momento para ver el templo es a primera hora de la mañana, cuando los dorados rayos del sol realzan, como dándoles

ANGKOR WAT

Monjes novicios en la terraza del primer nivel de Angkor Wat.

Bajorrelieve de un ejército en marcha.

vida, las *apsaras* (ninfas celestiales) esculpidas en las paredes. Rodeado de semejante belleza, es difícil imaginar que este lugar fue uno de los últimos refugios del movimiento comunista de los jemeres rojos, tal como testimonian las huellas de los impactos de balas en las paredes del edificio.

La visita a los templos de Angkor se ha hecho más accesible gracias a los vuelos directos desde Bangkok, la capital de Tailandia, y la afluencia turística es hoy mayor que nunca. La mayoría de los turistas tiende a congregarse en la laguna norte para fotografiar el reflejo del sol naciente, pero aquellos que buscan paz y tranquilidad se deben dirigir directamente al santuario principal de Angkor Wat, al que se accede por uno de los cuatro tramos de escaleras empinadas y desgastadas, símbolo de cuán

Vista desde el tercer nivel, del segundo nivel y de los árboles que lo rodean.

arduo y difícil es el camino hacia el cielo. En el pasado estaba reservado a los sacerdotes hindúes, pero hoy en día es accesible a todos los mortales, siempre que lleguen lo suficientemente temprano.

El nivel superior de Angkor Wat parece haber sido diseñado pensando en la salida del sol. Sus rayos, como dedos luminosos, se deslizan a través de las ventanas flanqueadas por pilares de piedra e iluminan detalles que rápidamente se difuminan con la brillante luz del día, entre ellos algunas de las más bellas *apsaras*, que se encuentran en el santuario central y desaparecen en las sombras en cuestión de minutos.

Es posible que disponga tan sólo de media hora antes de que lleguen los primeros turistas del grupo de la salida del sol. Pero no hay que preocuparse. Regresan a almorzar a sus hoteles y vuelven aquí más tarde, cuando el sol brilla con su máxima intensidad y el entorno ha perdido toda su espiritualidad.

Otros lugares del complejo de Angkor que no debe perderse son Bayon y Ta Prom. Construido con posterioridad a Angkor Wat, Bayon es un

Apsaras esculpidas del santuario principal de Angkor Wat.

El sol crea hermosas formas entre los pilares de los claustros situados en el tercer nivel de Angkor Wat.

pequeño templo recubierto de impresionantes rastros pétreos que recuerdan a Buda que simboliza la transición del hinduismo al budismo en la civilización jemer. Ta Prom es un complejo de templos en ruinas entre medio de las raíces de los árboles, con las que están tan íntimamente unidos que sería impensable intentar separarlos.

ⓘ ....

Al pueblo más cercano de Angkor (a 10 km), se puede llegar por avión desde Bangkok, Tailandia (Bangkok Airways ofrece varios vuelos diarios en ambas direcciones), o bien desde la capital de Camboya, Phnom Penh. Como alternativa, se puede llegar también en barco cruzando el Tonle Sap. La travesía de este lago dura casi todo un día pero resulta muy interesante. En Siem Reap hay una gran oferta de alojamiento, desde pensiones baratas hasta el exclusivo complejo turístico Amansara. Las entradas para visitar las ruinas se pueden adquirir para uno, tres o siete días, (tres días son suficientes, cuestan 50 $ y se requiere una fotografía tamaño carné). El conjunto está muy desperdigado, pero los mejores hoteles organizan visitas en coche con guía. También se pueden alquilar bicicletas, motocicletas o tomar una mototaxi en numerosos lugares de la ciudad.

San Petersburgo
Rusia

Si la sola mención de un nombre puede evocar una estación del año, San Petersburgo equivale a invierno, a crudo invierno en forma de estatuas cubiertas de nieve, nubes de vaho creadas por el aliento al respirar y el palacio de Invierno visto a través de la neblina al otro lado de las aguas congeladas del río Neva.

El invierno no es una época fácil para visitar Rusia. El frío intenso puede limitar algunas visitas de interés, pero es la estación que define tanto a la ciudad como al pueblo ruso. Es aquella en la que los zares visitaban San Petersburgo. El palacio de Invierno fue construido para alojar y distraer a la familia real rusa durante los largos y oscuros meses invernales. Desde su interior se pueden contemplar las mismas heladas escenas que viera en su día Catalina la Grande, distorsionadas por la capa de hielo que cubría las ventanas.

San Petersburgo fue fundada por Pedro el Grande en 1703 y la construcción del palacio de Invierno se terminó en 1762. La fundación de una ciudad al estilo europeo en la frontera occidental del país y el posterior traslado de la capital desde el Moscú «asiático» marcaron cierta europeización de Rusia. El linaje de los Romanov se convirtió en una de las grandes dinastías que reinaron en Europa, en competencia incluso con los Borbones y los Ausburgo. El palacio de Invierno fue, posiblemente, su máximo exponente en el terreno arquitectónico.

San Petersburgo ha estado presente en el centro de la historia europea durante 300 años. La revolución rusa se gestó en esta ciudad y la caída de los zares se materializó cuando los bolcheviques tomaron el palacio de Invierno en 1917, dando lugar a un período de más de 70 años de régimen comunista

Vista desde la puerta del malecón del río sobre la fortaleza de Pedro y Pablo, con el río Neva al fondo.

Palacio de Invierno.

Cementerio de Tikhvin.

en Rusia. Bajo éste se le cambió el nombre a Leningrado, que, tras su heroica defensa durante la segunda guerra mundial quedó casi destruida, y se convirtió en uno de los bastiones que impidieron la difusión del nazismo. El cambio al anterior nombre de San Petersburgo fue un gesto que simbolizó la desintegración de la antigua Unión Soviética y el renacimiento de Rusia.

El palacio de Invierno ha logrado sobrevivir a lo largo de tan ajetreada historia. Se trata de un complejo macizo que se extiende 200 metros a lo largo de la orilla del río. Catalina la Grande, cuyos excesos y ambición de poder contribuyeron en buena parte al advenimiento de la revolución y al fin de la dinastía, lo agrandó con varios edificios, como el Hermitage y el teatro del mismo nombre.

Cada rincón del palacio de Invierno rebosa historia. Resulta fácil imaginarse la vida de la familia real rusa, ajena a la dura realidad de la vida cotidiana de sus súbditos, así como del monje Rasputín, que ejerció sobre Alejandra, la esposa del zar Nicolás, una influencia tal que acabó sus días envenenado un año antes de la caída de la dinastía. También es fácil imaginarse el asombro de los bolcheviques al entrar en el palacio en 1917 y ver por primera vez el grado de opulencia en que habían vivido sus soberanos.

Entre las maravillas del palacio de Invierno destaca el Hermitage, que alberga una de las más grandes colecciones artísticas del mundo, con más de 2,8 millones de obras. Si se visita temprano, se puede contemplar obras de Monet y Picasso prácticamente sin compañía alguna.

A pesar del farragoso burocratismo para la obtención del visado, San Petersburgo es una ciudad fácil de visitar. En cierto modo es como si hubiera salido incólume a los largos años de comunismo, pues mantiene vivo el aire de la Rusia imperial, especialmente durante los largos y crudos inviernos, cuando, imitando a los antiguos zares, se puede encontrar refugio en el calor y la gracia del palacio de Invierno.

ⓘ ···

A pesar de que el comunismo desapareció hace años, el proceso de obtención de los visados prácticamente no ha cambiado. Requiere tiempo y papeleo, si bien hay agencias especializadas que pueden facilitar el proceso. Varias líneas aéreas europeas tienen vuelos a San Petersburgo. Como alternativa, se puede utilizar el tren (la ciudad está muy bien interconectada por la red ferroviaria y se puede continuar hasta Vladivostok e incluso Beijing). Conviene alojarse en un hotel céntrico, ya que la ciudad es muy grande, y de ese modo se pueden ver más cosas con menos tiempo en desplazamientos. La antigua agencia estatal de viajes Intourist puede hacerse cargo del alojamiento y las visitas. El metro constituye una interesante experiencia y es muy eficiente, pero hay que tomar muy buena nota de dónde se encuentra uno para no pasarse de parada.

Vestíbulo del pabellón, galería 204, Hermitage.

Bóveda de la escalinata Jordan, Hermitage.

Gran Hermitage, galería 241.

La Habana
Cuba

Edificios en el Malecón.

La Habana es una ciudad que, más que verla, hay que vivirla, pues hace honor a los tópicos que se dicen de ella: la gente realmente baila en la calle, bebe ron y fuma puros habanos. Y por doquier se ven pasar coches norteamericanos clásicos (Buick, Dodge, Chevrolet) por calles que parecen haber sufrido muy pocos cambios desde la revolución.

La parte antigua de la ciudad, la Habana Vieja, parece haberse congelado en los años cincuenta. Como si fuera un plató de cine donde la gente de la calle se convierte en los extras de una película: el viejo que, sentado mirando al mar, toca el trombón junto a un amigo, otro que cruza la plaza con un contrabajo o la joven que baila por su cuenta al son de la música en la terraza del restaurante El Patio. Y presidiéndolo todo, lo que hace que la escena resulte inconfundiblemente cubana, el aroma del humo de los puros.

El centro de la Habana Vieja es la empedrada plaza de la Catedral. Flanqueada en tres de sus lados por bajos edificios coloniales, tiene como centro neurálgico la propia catedral, bellamente ornamentada, de estilo barroco cubano que recuerda a la cera fundida de una vela. Al no haberse visto afectada por reformas condicionadas por el turismo, la plaza conserva el aspecto que tenía en los cincuenta años cuando La Habana se convirtió en un lugar de diversión para los ricos y paraíso de la mafia. Testigo de muchos de los cambios de la ciudad, el restaurante El Patio, que se aloja en una mansión del siglo XVIII, es el lugar ideal para contemplar cómo la catedral se inunda de luz a medida que va cayendo la tarde. Si se tiene la fortuna de que se estén celebrando oficios religiosos, se puede ver el altar a través de la puerta abierta, mientras se está cómodamente sentado en la plaza.

Algunas partes de la Habana Vieja se han restaurado conservando los exteriores originales. Los edificios de la Plaza Vieja y la calle de Mercaderes albergan en la actualidad tiendas de marca y restaurantes, demasiado caros para la mayoría de los cubanos. La auténtica atmósfera se encuen-

Músicos cubanos ambulantes en la plaza de la Catedral.

Catedral de La Habana.

tra en las calles de los alrededores. Parece que todo el mundo viva en el exterior, sea en balcones destartalados, en sombreados patios o directamente en los portales. La gente ríe, conversa, come y fuma, y casi todos los muchachos juegan al baloncesto, una verdadera obsesión nacional.

A pesar de que Cuba tiene el nivel más alto de alfabetización y el menor índice de mortalidad infantil de toda Latinoamérica, posee un nivel de vida muy bajo, que unos atribuyen a los 50 años de comunismo y otros al persistente embargo impuesto por Estados Unidos. En realidad, la libertad política está seriamente limitada y la vida diaria llega a ser muy dura. La mayoría de los cubanos viven en pequeños pisos de una o dos habitaciones. Si se tiene la oportunidad de observar por las ventanas, cuidadosamente enrejadas, de las plantas bajas, se podrá ver a toda una familia reunida alrededor de un viejo aparato de televisión viendo culebrones sudamericanos o retransmisiones de béisbol. Es muy fácil saber cuáles son

Plaza de la Catedral.

Paseo Martí.

las ventanas a las que hay que acercarse: los aparatos de televisión son escasos, por lo que es fácil encontrar a corrillos de gente en la calle viendo también el programa por la ventana.

Con la puesta de sol parece como si la mayor parte de la población de La Habana se congregara en el Malecón, éste se extiende entre la orilla del mar y los edificios medio derruidos, y constituye un irresistible imán para gente de todas las edades. Mientras las fachadas de antaño son iluminadas por la dorada luz del crepúsculo, se oye música ligera, la gente arranca a bailar y a beber cócteles de ron contemplando cómo el sol se pierde lentamente en el horizonte.

Puerta del Capitolio Nacional.

ⓘ ....

El viaje a Cuba puede presentar ciertas complicaciones por el embargo impuesto por Estados Unidos. Cubana de Aviación, la línea aérea nacional, vuela desde numerosos aeropuertos europeos y sudamericanos, así como desde Cancún y Ciudad de México. Hay numerosos hoteles en La Habana, pero si es posible conviene optar por uno situado en la Habana Vieja. Uno de los hoteles con más sabor es el Ambos Mundos, recientemente renovado, donde Hemingway se alojaba antes de comprar una finca en la isla.

Calle típica del centro de La Habana.

Prasat Phra Dhepbidorn (panteón real).

Frontispicio del templo del Buda de esmeralda.

Resulta fácil perderse en la mística de cuento de hadas de Wat Phra Kaeo, con las vistosas stupas doradas de los edificios coronados por techos de tejas multicolores. De pequeñas capillas surgen nubes de aromático incienso en tanto que los pétreos guardianes se alzan por encima de nuestras cabezas. Pero no se trata de un palacio de fantasía, sino que es el lugar más sagrado del budismo tailandés, en cuyo interior se custodia el Buda de esmeralda, una estatua tan codiciada que ha sido causa de no pocas guerras.

Wat Phra Kaeo es un monasterio budista ubicado en el interior del Gran Palacio, en el centro de Bangkok, y aunque parece nuevo y brillante su origen se remonta a 1792, poco tiempo después de que el ejército tailandés tomara el Buda de esmeralda de la vecina Laos. El edificio más importante de Wat Phra Kaeo es el templo del Buda de esmeralda. Esta sólida sala de oración se sustenta sobre una plataforma de mármol y está rodeada por imágenes de *garudas* dorados (pájaros mágicos divinos), que la protegen de los espíritus diabólicos. El interior del templo está recubierto del techo al suelo con extraordinarios murales inspirados en la vida y las enseñanzas de Buda.

Estatua frente al templo del Buda de esmeralda.

Estatua de un guardián o Toskarith Ravana.

El Buda de esmeralda, que en realidad está esculpido en jade y tie-ne únicamente 75 cm de altura, se custodia en un altar elevado y rodeado de otras imágenes de Buda. En una pequeña capilla justo a la entrada del templo, una interminable fila de fieles realiza sus ofrendas de incienso, comida y pan de oro antes de entrar al oratorio.

Al otro lado del recinto, y situadas sobre otra plataforma elevada, se encuentran tres stupas, dos de las cuales, las más pequeñas, rodeadas por estatuas de místicos guardianes, se erigieron en memoria de los pa-dres del rey Rama I, fundador de Wat Phra Kaeo. Junto a él se encuentra el Prasat Phra Dhepbidorn (panteón real), en el que se pueden ver una se-rie de urnas con estatuas de antiguos príncipes, así como una biblioteca, todo ello adornado con hermosas filigranas doradas. Si tiene previsto viajar a la vecina Camboya, no deje de visitar la réplica de Angkor Wat realizada hace más de 150 años.

Para disfrutar de la paz y espiritualidad de Wat Phra Kaeo, es conveniente llegar antes de la riada de autocares de turistas. Si se apresura para estar cuando se abren las puertas del Gran Palacio, a las 8.30 horas, dispondrá de hasta media hora de paz completa hasta que aparecen las primeras videocámaras. Otra alternativa es soportar el agobiante calor de la tarde y llegar a las 15.30 horas, aproximadamente, es decir, una hora antes de la hora de cierre del palacio. Busque entonces un rincón sombreado y espere tranquilamente hasta que los visitantes vayan disminuyendo, y entonces podrá gozar de una última media hora en una soledad casi completa, hasta que uno de los guardias le indique amablemente que debe abandonar el recinto.

Espigas de Wat Phra Kaeo a la salida del sol.

Los visitantes del Gran Palacio deben observar un estricto código indumentario, que prohíbe los pantalones cortos, las minifaldas, las camisetas sin mangas y las sandalias. Se pueden alquilar «vestidos decentes», dudosos tanto desde el punto de vista de la elegancia como de la higiene.

ⓘ ··

Se puede llegar a Bangkok (cuyo nombre en tailandés es Krung Thep, «Ciudad de los Ángeles») desde casi todas las ciudades importantes del mundo, bien con la excelente Thai Airways, o bien con otras líneas aéreas nacionales. El tráfico en Bangkok es agobiante y la contaminación enorme. La mejor manera de desplazarse es utilizar las embarcaciones que circulan por el río Chao Phraya y que tienen una parada en el Gran Palacio. La mayor parte de los hoteles están ubicados lejos del río, pero intente conseguir uno cerca del mismo; uno de los mejores es el Mandarin Oriental. Otra opción mucho más económica es el Vieng Thai, situado cerca de la concurrida Khao San Road, y a unos 15 minutos a pie del Gran Palacio.

Edificios de la terraza superior de Wat Phra Kaeo.

Chedí dorados de Phra Siratana y Phra Mondop.

El Gran Cañón
Arizona, EE.UU.

Esperando el amanecer en la fría noche de Arizona no se puede imaginar la inmensidad del paisaje que se extiende frente a uno. Con las primeras luces, la primera visión del Gran Cañón será una composición plana, casi como un decorado. Después, a medida que el cielo comienza a teñirse de azul y rojo, la dorada luz del sol ilumina los primeros detalles; primero, el perfil de la lejana cordillera y, después, las cimas más altas dentro del mismo cañón.

Puesta de sol en Yapavi Point.

Grandview Point.

Cuando el sol gana más altura, se revelan ante nosotros nuevas cosas. Se iluminan formaciones rocosas esculpidas por siglos y siglos de erosión, y se proyectan inmensas sombras en las pantallas gigantes que constituyen los farallones.

Solamente cuando se aprecian detalles tales como una fila de árboles o una bandada de gansos volando sobre el cañón, se aprecia la verdadera magnitud del mismo. El extremo más lejano se encuentra a 15 km, y el gran río Colorado, que parece un riachuelo en el fondo, se halla a 1.500 m de profundidad.

El cañón está constituido por dos gargantas, la interior y la exterior, y tiene una longitud de aproximadamente 450 km, por lo que es imposible verlo de una sola vez. Es más recomendable dedicar el tiempo a uno o dos de los miradores que se encuentran siguiendo las carreteras que discurren a lo largo de los bordes del cañón y observar desde ellos los cambios de luz. Desde Hopi Point, cerca de Grand Canyon Village, se puede mirar

Vista desde Hopi Point.

en las dos direcciones del cañón, obteniendo vistas espectaculares del paisaje así como los cambios de color que tienen lugar a lo largo del día. También se puede ver el río Colorado, que desde lejos parece pequeño.

Hay una serie de sendas que bajan por el cañón. Las más largas implican acampar durante el recorrido, pero hay otras, como la Bright Angel Trail, que permiten bajar y subir en un día si se parte temprano. De todos modos, e incluso para esta senda corta, las autoridades del parque recomiendan pernoctar en el campamento de Indian Garden y hacer el recorrido en dos días. No hay que olvidar que la subida requerirá del doble de tiempo que la bajada y que es realmente dura. Los que no están acostumbrados al ejercicio pueden alquilar una mula, pero el trayecto no resulta muy confortable. El paseo por las sendas da una ligera idea de la magnitud del cañón. Las distancias se vuelven más reales a medida que se va descendiendo y los detalles del panorama van cobrando forma. De pronto, las paredes del cañón se alzan imponentes y uno se da cuenta de que se necesitan varias horas para llegar a puntos que desde lejos parecían muy próximos entre sí.

Vista desde Yaki Point.

Vista desde Yapavi Point.

Más de un millón de personas visitan el cañón cada año, si bien muchas de ellas le dedican tan sólo unas horas y tienden a congregarse en el extremo sur, que es más accesible. Para evitar lo peor de las aglomeraciones es mejor visitarlo en primavera u otoño. A pesar de que hace frío durante la noche y por la mañana, el aire es más limpio y se puede ver el cañón en diferentes condiciones. El tiempo puede cambiar rápidamente, con claros de cielos azules un día y una ventisca de nieve el siguiente. Sin embargo, la gran profundidad del cañón hace que haya grandes diferencias de temperatura entre la cima y el fondo, de tal modo que en un día es posible caminar por nieve profunda en la parte alta y pasar calor al sol en el fondo.

Salida del sol en Yaki Point.

El río Colorado visto desde Desert View Point.

ⓘ

El aeropuerto más próximo al Gran Cañón está en Flagstaff, a unas horas de viaje en coche desde el extremo sur. Si se viene de Las Vegas, se puede volar directamente al aeropuerto del Gran Cañón en Tusayan. Hay un servicio de autobuses gratuito que recorre
el parque, pero lo mejor es alquilar un coche, ya que da mayor libertad de movimientos
para explorar por cuenta propia. En Grand Canyon Village hay numerosos alojamientos,
pero como todos están administrados por la misma empresa no hay grandes diferencias de precio. El mejor es el complejo El Tovar, situado en el mismo borde del cañón.
Está muy solicitado, por lo que conviene reservar con bastante antelación. La página
web www.nps.gov/grca/grandcanyon ofrece información sobre asuntos de interés.

Inicio de la Bright Angel Trail.

Taj Mahal
Agra, India

Las imágenes más evocadoras del Taj Mahal se tienen desde la orilla opuesta del río Yamuna y llegar a él ya constituye todo un mágico ritual. Aunque es más rápido tomar una embarcación y cruzar el río, resulta más interesante subirse en un *rickshaw* y pasar por el pueblo de Katchpura. En el fresco de la mañana, antes de la salida del sol, se pasa al lado de gentes que duermen en sus características camas bajas indias en el exterior de sus viviendas.

Al llegar al río es posible que tenga que compartir el paisaje con un pescador o una manada de búfalos de agua, lo que no hace más que aumentar la sensación de atemporalidad. Desde la orilla del río la mejor hora para admirar el Taj Mahal es a la salida del sol, cuando la luz cambia de un azul frío y nebuloso a todas las variaciones del rosa, dorado pálido y naranja. El

El Taj Mahal visto desde la orilla opuesta del río Yamuna.

Esquina oriental del Taj Mahal. Doble página siguiente: El Taj Mahal a la salida del sol, visto desde la orilla opuesta del río Yamuna.

Taj Mahal refleja todas estas tonalidades y va cambiando desde un blanco cremoso al principio hasta un blanco cegador al mediodía. Con frecuencia, para aquellos que realizan una única visita a esta hora, resulta algo decepcionante. Y es que se deben hacer varias visitas en diferentes días y a diferentes horas para poder apreciar los cambios que la luz provoca en tan grandioso y magnífico monumento. Se tiene que pagar para entrar al Taj Mahal y sus alrededores, pero la vista desde la orilla opuesta es gratis.

El Taj se levanta sobre una plataforma de mármol con un minarete, también de mármol, en cada esquina y ligeramente inclinados hacia el exterior de modo que, en caso de un terremoto, no caigan sobre la estructura principal. Cada una de las fachadas del edificio tiene un arco gigantesco y está decorada con versículos del Corán en delicada caligrafía, así

como con artísticos grabados florales en mosaicos de piedras semipreciosas.

El Taj Mahal está rodeado de un hermoso recinto ajardinado con una serie de estanques entre la puerta principal y el edificio propiamente dicho que han inspirado a generaciones de fotógrafos. La distancia desde la puerta y el monumento resulta engañosa y este último parece crecer en magnitud y grandeza a medida que nos aproximamos a él.

Fue construido en 1632 por el emperador Shah Jahan como mausoleo para Mumtaz, su esposa favorita. Cuenta la leyenda que el emperador tenía la intención de construir una réplica exacta del monumento en mármol negro en el otro lado del río como mausoleo para sí mismo. En los últimos años se han descubierto vestigios de cimientos y jardines en ese lugar, lo que confirmaría esta posibilidad, pero la verdad no se sabrá nunca. Shah Jahan fue destronado por su hijo y pasó sus últimos días encerrado en la fortaleza de Agra, río abajo.

Mezquita junto a la cara occidental del Taj Mahal.

La fortaleza de Agra con el Taj Mahal al fondo.

(i) ··

Se puede llegar a Agra en avión o en tren rápido desde Nueva Delhi, si bien este último tiene fama de ser muy frecuentado por ladrones. Todas las habitaciones del recién inaugurado hotel Amarvilas de Agra dan al Taj Mahal, por lo que no hay que pagar ningún extra para tener una habitación con una buena vista. En las bulliciosas calles de Taj Ganj, inmediatas a la puerta principal, vivieron en su tiempo los artesanos que construyeron el monumento. En la actualidad es un barrio habitado por porteadores y cuenta con alojamientos muy económicos. Desde el restaurante de la terraza del complejo turístico Shanti se disfrutan de las mejores vistas del lugar. Otros de los lugares de interés son la fortaleza de Agra y la ciudad desierta de Fatehpur Sikri.

Detalle de una puerta en la base del Taj Mahal.

Detalle de la cúpula.

Castillo de Eilean Donan
Escocia

El castillo de Eilean Donan.

Situado en el punto de confluencia de tres ensenadas, Alsh, Duich y Long, y orientado al oeste hacia la isla de Skye, el castillo de Eilean Donan, también conocido como la Isla de Skye, encarna, gracias a su espectacular ubicación y su intensa historia, el prototipo del típico castillo británico.

Eilean Donan estuvo en poder del clan MacKenzie hasta el siglo XVI y fue objeto de continuas contiendas entre los McLeods y los MacDonalds. También fue escenario de numerosos episodios violentos durante los siglos XVII y XVIII, cuando los jacobitas, partidarios del depuesto rey James VII de Escocia (y II de Inglaterra), se rebelaron contra los ingleses para intentar recuperar el trono. En la primavera de 1719, los jacobitas colocaron una guarnición de 46 soldados españoles en Eilean Donan. El 10 de mayo tres fragatas del gobierno bombardearon el castillo. Finalmente, las fuerzas gubernamentales aceptaron la rendición y lo volaron con pólvora.

No es, pues, sorprendente que, ante tan dilatada y a menudo violenta historia, el castillo de Eilean Donan haya sido reconstruido varias veces.

El puente que conduce al castillo.

La estructura más antigua se remonta a época medieval, cuando se utilizó como defensa contra los vikingos, y la reconstrucción más reciente la llevo a cabo la familia MacRae-Gilstrap entre 1912 y 1932.

El acceso al castillo se realiza desde un nivel inferior y atraviesa un elegante puente que se añadió durante la última reconstrucción. Desde este último se pueden ver las ensenadas, el cercano pueblo de Dornie y las montañas de Skye. Aun cuando su perfil recuerda el de un diente roto, el castillo ofrece una hermosa estampa desde todos los ángulos, encuadrado como está en un típico paraje de las tierras altas escocesas, perfumado por brezos y flores silvestres.

Sin embargo, su austera belleza no puede ocultar el hecho de que la función primordial del castillo haya sido siempre la defensa, tanto más

cuando en la batalla por una isla no había retirada posible. Esta finalidad militar del castillo, situado en lo más alto de la isla, condiciona sin duda el ambiente que reina en el lugar.

El extremo del puente está protegido por las almenas del bastión y un muro que se extiende hacia el exterior desde el castillo propiamente dicho. Un portón da acceso al patio, que a su vez tiene una muralla orientada hacia el lago. Una escalera lleva al alcázar y a la zona de acantonamiento. En la parte superior se encuentra el salón más impresionante: el de los banquetes, cuyas vigas de abeto de Douglas de la Columbia Británica proporcionaron la rama canadiense de las MacRae canadienses durante la última reconstrucción. Tiene un gran hogar adornado con escudos de armas y una mesa que, según se dice, procede de uno de los barcos del almirante Nelson.

En la bajamar, la isla queda cubierta por algas marinas y charcos, pero en la pleamar la posición elevada del castillo permite imaginar los barcos enemigos navegando por la ensenada de Alsh y a las tropas sitiadoras intentando abrirse paso hacia el castillo.

Enmarcado en un paisaje montañoso y reflejado en las aguas de la ensenada, el castillo es en la actualidad un lugar más de ensueño que de trágicas connotaciones militares.

Zona de acantonamiento.

Salón de banquetes.

El castillo de Eilean Donan por la noche.

(i) ⋯⋯⋯⋯⋯⋯⋯⋯⋯⋯⋯⋯⋯⋯⋯⋯⋯⋯⋯⋯⋯⋯⋯⋯⋯⋯⋯⋯⋯⋯⋯⋯⋯⋯⋯⋯⋯

El castillo de Eilean Donan se encuentra en un remoto lugar a 16 km del puente que conduce a la isla de Skye. La duración del viaje en coche desde Glasgow, casi todo el por la A82, es de unas siete horas, pero se pasa por una serie de lugares interesantes, como Ben Nevis, Glen Coe, Loch Lochy y Glen Shiel. El viaje desde Edimburgo dura también siete horas y tres desde Inverness. El cercano pueblo de Dornie es pequeño y con una escasa oferta de hoteles y pensiones, que se agudiza en los meses de verano, por lo que es muy recomendable reservar con antelación. Desde la carretera que sube hacia la colina detrás de Dornie se obtienen hermosas vistas sobre el castillo, especialmente con la puesta del sol.

Claustro en uno de los flancos del Patio de los Arrayanes en la Casa Real.

Patio de los Leones.

La Alhambra es la atalaya de Granada y presenta al mundo una cara seria y severa con sus torres cuadradas dispuestas en marcial simetría. Pero esta severidad se suaviza cuando se accede a ella por la parte posterior, donde sus terrazas con engalanados jardines, intercalados por estanques de agua en constante movimiento reproducen los frescos y sombreados jardines que el Corán promete a sus fieles.

Cuando los árabes conquistaron Granada dejando atrás el calor y la aridez del norte de África, creyeron con seguridad haber llegado al cielo. Sierra Nevada, cuya cumbre permanece nevada casi todo el año, proporcionó a los conquistadores el agua para las fuentes y los estanques que contribuyeron a convertir este rincón de España en un paraíso terrestre.

La Alhambra es consecuencia de las guerras entre el cristianismo y el islam. En el año 711, los musulmanes del norte de África conquistaron la península Ibérica, pero a principios del siglo XIII su influencia se debilitó sensiblemente y su «reino» se redujo a unos pocos Estados musulmanes localizados en la actual Andalucía, sometidos a la presión de los

reconquistadores cristianos. El príncipe Ibn al-Ahmar, que había sido expulsado del sur de Zaragoza, decidió establecer la capital en Granada y fortificarla contra futuras acciones guerreras. Durante 200 años, su reino prosperó y sus sucesores ampliaron y embellecieron la Alhambra. Fue un período de paz que, de todos modos, conllevó su precio. Durante esta etapa, aumentó la importancia de los reinos cristianos peninsulares y Granada fue dejada en paz ya que pagaba tributos e incluso en ocasiones proporcionaba tropas para combatir al lado de los cristianos contra otros reinos musulmanes más díscolos.

Las almenas de la Alhambra se pusieron a prueba a finales del siglo XV, cuando las tropas de los Reyes Católicos, Isabel y Fernando, sitiaron Granada. Siete meses más tarde cayó el último reducto musulmán de la península, que pasó a formar parte de España.

Característica de la arquitectura andalusí, la fachada del palacio es al mismo tiempo imponente y práctica, pero tras sus murallas se encuentran decorados de extraordinaria belleza. La Alhambra se compone de

La Alhambra iluminada al anochecer, con Sierra Nevada al fondo.

tres partes principales: la Alcazaba o fortaleza, el Generalife, que era el palacio de invierno y que en realidad se encuentra fuera del perímetro defensivo de las murallas, y la Casa Real. Esta última es, sin duda, la parte más bella del conjunto. Buena parte de sus salones están decorados con azulejos multicolores o ricos grabados que reproducen pasajes estilizados del Corán.

Entre las diferentes alas hay fuentes y estanques, tan estimados por los árabes. Desde una infinidad de pequeñas ventanas se pueden ver los sombreados jardines y las casas encaladas del Albaicín, el antiguo barrio moro, que en parte es tan antiguo como la propia Alhambra.

La primavera es una estación maravillosa para visitar la Alhambra, cuando los días son claros y cálidos y las noches frescas. Los árboles verdean, los jardines florecen y Sierra Nevada, con su cumbre de nieves per-

Águila de bronce en el exterior del palacio de Carlos V.

Típica decoración islámica.

petuas, se convierte en el centinela de la ciudad. Y lo que es mejor: no se forman aglomeraciones en la Casa Real y se puede entrar sin hacer las colas que se organizan en el verano, cuando las entradas se asignan una hora antes de la apertura de las taquillas.

Quizá tenga la suerte de conseguir alojamiento en el Parador de San Francisco, un hotel de lujo perteneciente a la red estatal de paradores, ubicado en un antiguo monasterio en los jardines de la Alhambra, un lugar tranquilo para retirarse por la tarde, una vez se han ido las multitudes.

En la ciudad hay una serie de miradores desde los cuales se tienen diferentes perspectivas de la Alhambra. Desde el de San Cristóbal se puede ver la Alcazaba enmarcada por Sierra Nevada. Por las concurridas calles empedradas del Albaicín se llega al mirador de San Nicolás, desde donde se pueden ver maravillosas puestas de sol, en las que la Alhambra resplandece de rojo. Desde las alturas del Sacromonte (antiguo barrio gitano en el que todavía viven algunos en cuevas excavadas en la misma roca) se pueden contemplar las torres de la Alhambra en su perfecta posición defensiva. Y desde la colina sobre el Generalife se puede apreciar lo que lo que los jardines y estanques representan para el conjunto de la Alhambra. También se puede ver el austero palacio de Carlos V, construido en el siglo XVI, después de la conquista cristiana, junto a otros muchos edificios andalusíes. Tiene tal extensión que en alguna ocasión se llegaron a celebrar corridas de toros en el patio principal.

ⓘ ....

A Granada se llega muy fácilmente por carretera desde Sevilla o Málaga, cuyos aeropuertos internacionales están comunicados con la mayor parte de las ciudades de Europa. Aun cuando la Alhambra es visible desde numerosos lugares de la ciudad, se puede disfrutar de su proximidad alojándose en sus jardines, concretamente en el lujoso parador de San Francisco. Pero para ello es preciso reservar con bastante antelación, incluso en temporada baja.

Motivos florales y caligráficos.

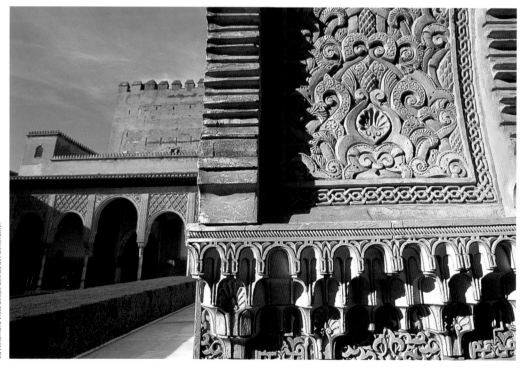

La Alhambra vista desde detrás del Generalife.

Aitutaki

Islas Cook

Ninguna paleta de pintor podrá jamás crear un turquesa más perfecto y luminiscente como el de la laguna de Aitutaki, posiblemente la más bella del mundo. De forma triangular, tiene su origen en un atolón que emerge desde el fondo del océano Pacífico a 4.000 m de profundidad. Dentro de la laguna se encuentra Aitutaki, la isla más importante del archipiélago, así como unas cuantas islas más pequeñas de origen volcánico o coralífero llamadas *motus*.

El borde exterior de la laguna actúa como una barrera natural que resguarda el interior de las aguas a menudo agitadas del sur del océano Pacífico. Éstas, al encontrarse con el atolón, dan lugar a un ribete blanco de olas,

Isla de Moturakau.

Vista aérea de la laguna.

pero en el interior de la laguna la superficie del agua es plana como un cris-
tal, roto de vez en cuando por una solitaria ola que ha conseguido traspasar
la barrera. Cristalina es también la transparencia del agua, que permite ver
todos los detalles del fondo, plano y arenoso a cualquier profundidad. Con
frecuencia se pueden observar tortugas, rayas e incluso almejas gigantes.

Cada *motu* posee su carácter distintivo y la mejor manera de comprobarlo es en un crucero organizado por la laguna. El *motu* más conocido es
Tapuaetai («isla de un pie»). De carácter típicamente tropical, con palmeras recostadas sobre una estrecha franja de deslumbrante arena blanca,
es el único *motu* habitado. Junto al pequeño bar y la tienda hay una oficina

La laguna.

postal donde se puede sellar el pasaporte para, de esa manera, poder demostrar que se ha estado en el paraíso.

La pequeña isla de Moturakau, que se recorre en unos diez minutos, es otro paraíso de playas de arena blanca y palmeras. Algunas de éstas se inclinan tanto sobre el agua que están prácticamente horizontales.

El más nuevo de los *motus* es la isla Honeymoon («luna de miel»), situada en una de las partes más bajas de la laguna. Dada su «juventud», todavía no crecen árboles en ella, pero numerosos arbustos proporcionan refugio a innumerables nidos de golondrinas de mar. Bajo los matorrales se esconden crías recubiertas de blanco plumón a la espera de que lleguen sus padres para alimentarlas. Las aguas del Pacífico, en constante movimiento, van depositando en las playas, por lo que no pasará mucho tiempo hasta que empiecen a crecer en ellas las primeras palmeras.

Las 15 pequeñas islas que conforman el archipiélago de las Islas Cook tienen una superficie total de tan sólo 236 km^2, pero se hallan diseminadas en una vasta extensión del océano. Su población es de origen polinesio y suma alrededor de 18.000 habitantes. En Aitutaki todo el mundo se conoce y aparentemente ninguna actividad es tan importante que no pueda interrumpirse para saludar a los visitantes. Si decide dar un paseo, se encontrará mucha gente dispuesta a llevarlo en su coche.

Almejas gigantes en las cristalinas aguas de la laguna.

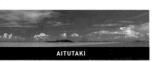

Hay otros seres, aparte de los turistas, que se sienten atraídos por Aitutaki, tal como se encarga de recordar el capitán del vuelo procedente de Rarotonga: «Los pasajeros sentados en el lado izquierdo del avión pueden ver Aitutaki; los de la derecha pueden ver una ballena jorobada con su cría».

A pesar de su situación alejada de las rutas más turísticas, Aitutaki tiene un hueco propio en la Historia: en 1789, el capitán Bligh recaló allí a bordo de la *Bounty* poco antes del famoso motín. Volvió en 1792 y llevó a la isla la papaya, que es todavía hoy en día uno de sus cultivos más importantes.

(i) ....

Air Rarotonga ofrece cinco vuelos diarios desde Rarotonga (la capital de las islas Cook) a Aitutaki. Es posible visitar Aitutaki en un sólo día, pero vale la pena quedarse por lo menos un par. La oferta de alojamiento va desde el lujoso balneario Aitutaki Pacific hasta cabañas comunales en la playa a precios módicos. En todos los hoteles se pueden hacer reservas para los cruceros por la laguna. En la página web www.cook-islands.com se puede obtener más información sobre todo lo relativo a las islas Cook.

Playa del cayo de Akitua.

Playa del cayo de Akitua.

Estrella de mar muerta

Cangrejo ermitaño.

65

Pirámide de Kukulcán

México

Situada en el centro del antiguo asentamiento maya de Chichén Itzá, en la península mexicana de Yucatán, la pirámide de Kukulcán une a su graciosa simetría unas majestuosas dimensiones, pero sin duda su grandeza radica en los secretos de su construcción, hace ya más de mil años.

La pirámide es un calendario gigante. Posee nueve niveles con un total de 52 paneles, el número de años del ciclo tolteca-maya. Las escalinatas de cada cara de la pirámide tienen 364 escalones, que sumados a la plataforma superior dan un total de 365, el número de los días del año solar. Pero

Pirámide de Kukulcán.

lo que resulta más impresionante es que, en los equinoccios de primavera y otoño, al ocaso, la sombra del sol en la escalinata norte dibuja la forma de una gigantesca serpiente que desciende por el edificio hasta unirse
con una cabeza de serpiente de piedra situada al pie de la escalinata.

Además, la pirámide de Kukulcán guarda otros secretos. En su interior
se encuentra otra pirámide mucho más antigua. Por una pequeña puerta se
pasa a un estrecho pasaje que conduce a lo que se supone es la parte exterior de la estructura original. Este pasaje angosto y opresivo lleva al
santuario original, en el que se encuentra sepultado para siempre un gran
chacmool, la estatua de un personaje recostado con las piernas recogidas
y parte del torso levantado, y sobre un trono que representa un jaguar, con
un manto del felino incrustado de jade que brilla en la oscuridad.

Detalle del revestimiento de la pirámide de Kukulcán.

Escalinata norte de la pirámide de Kukulcán.

Si realmente se quiere apreciar Kukulcán, es conveniente levantarse temprano, ya que a partir de las 10.30 horas el recinto se llena de visitantes. A las 8.30 horas apenas hay nadie y se puede disfrutar de casi una hora de tranquilidad. Un modo fácil de lograrlo es alojarse en el hotel Mayaland, situado a escasos metros de la tranquila entrada este. De hecho, está tan próximo que desde el bar del hotel se tiene una buena vista de las ruinas del osario, sobre todo al atardecer, cuando el sol afrece un precioso telón de fondo.

Desde lo alto de la pirámide se ve todo el recinto completamente rodeado de un mar de árboles que se extiende hasta donde alcanza la vista y que no deja ver señales de vida humana. Tan sólo se divisan las partes más altas de los edificios menores y el área ceremonial, recubierta de hierba.

Mirador en un mar de árboles.

Otros monumentos completan el área ceremonial de Chichén Itzá, de entre los que destaca el Templo de los Guerreros, una gran estructura rodeada de pilares con intrincados grabados y sobre el que se halla un *chacmool*. Por desgracia, ya no se permite subir las escaleras para observar esta estatua de cerca (se puede ver desde lo alto de la pirámide de Kukulcán).

Otro monumento impresionante es la cancha del juego de pelota, un espectáculo ritual muy complicado en el que se enfrentaban dos equipos y que consistía en intentar hacer pasar una pelota de caucho a través de un aro de piedra situado en una de las paredes a cierta altura. Los jugadores podían utilizar únicamente los codos, las rodillas y las caderas. Con frecuencia se necesitaban horas para conseguir el primer tanto; cuando por fin se conseguía, se daba por concluido el encuentro.

La pirámide es visible desde casi todos los demás monumentos que conforman tan monumental recinto: a través de un denso bosque, desde la cúspide de los pilares grabados e incluso por entre las mandíbulas de una serpiente de piedra.

Cabeza de chacmool.

Cada noche se representa un espectáculo de luz y sonido en el complejo, y cuyo coste está incluido en el precio de la entrada. Aunque no tiene nada de particular, vale la pena asistir las noches de luna llena, ya que a poco que retrase la salida podrá disfrutar de una vista única de Kukulcán a la luz de la Luna.

ⓘ ....

El aeropuerto más próximo a Chichén Itzá es el de Cancún, desde donde se puede llegar en autobús o bien alquilando un coche. Si se aloja en el hotel Mayaland, tiene la entrada de recinto a la puerta. Muchos turistas visitan Chichén Itza en un tour organizado de un día, pero es mucho mejor pasar por lo menos una noche para disfrutar así del lugar por la mañana temprano y al atardecer. El interior de la pirámide de Kukulcán se puede visitar tan sólo en la franja central del día, por lo que no queda otro remedio que soportar las aglomeraciones.

Muro recubierto de calaveras del Tzompantli, el altar de los sacrificios.

Relieve de Adán y Eva en una esquina del Palazzo Ducale.

Góndolas atracadas frente a la la iglesia de Santa María de la Salud.

Venecia
Italia

No hay ciudad más romántica que Venecia y ninguna estampa más intrínse-camente veneciana como la de las góndolas meciéndose junto al brumoso Molo, el muelle junto a la plaza de San Marcos. Por la mañana, muy tempra-no, la plaza está muy tranquila y las escasas personas que se dirigen a su trabajo hacen levantar el vuelo a las pocas palomas del lugar. Algo más tar-de, la plaza se ve invadida por riadas de turistas y pájaros, pero a primera hora se puede disfrutar de una tranquilidad casi absoluta.

La plaza de San Marcos ha sido, y es, el centro de la ciudad desde su cons-trucción, en el siglo XVI, si bien algunos de los edificios que la flanquean son mucho más antiguos. En uno de sus extremos se halla la basílica de

San Marcos, cuya construcción comenzó hace casi mil años. Vista desde el *campanile* anexo, muestra su techo abovedado de perfil extraño y achaparrado, con un estilo más musulmán que cristiano. Con la puesta del sol, la fachada de la basílica cobra vida, cuando sus mosaicos e incluso la piedra misma resplandecen con la cálida luz del atardecer.

Desde San Marcos y en dirección al muelle se extiende el palacio ducal, conocido como el palacio del Dogo. Los dogos gobernaron la ciudad desde el año 697 hasta 1797, cuando las tropas de Napoleón destronaron al último. El palacio está abundantemente adornado con estatuas de temas bíblicos, tales como el de la caída de Adán y Eva o el de Noé embriagado, pero lo más impactante es la vista del mismo desde lejos, tal como lo

contemplaban los visitantes que llegaban por vía marítima en tiempos de los dogos. Visto desde la laguna o bien desde el *campanile* de la isla de San Giorgio, la fachada ofrece una estampa que parece salida de un sueño.

Si el objetivo de los dogos era ofrecer una muestra de su religiosidad con el ornato del exterior del palacio, el interior muestra una decoración mucho más mundana. Todos los salones están adornados con dorados y pinturas, algunas de ellas de Ticiano y Tintoretto.

Los dogos ostentaban el poder judicial de Venecia y no pocos condenados fueron conducidos por el doble puente de los Suspiros hasta la prisión, situada al otro lado.

Aunque estrictamente hablando el Gran Canal no está comunicado con la plaza de San Marcos, en realidad sí lo está. Tiene la forma de una gran «S» que cruza la ciudad, que se ha convertido en uno de sus símbolos, casi

Fachada de la plaza de San Marcos.

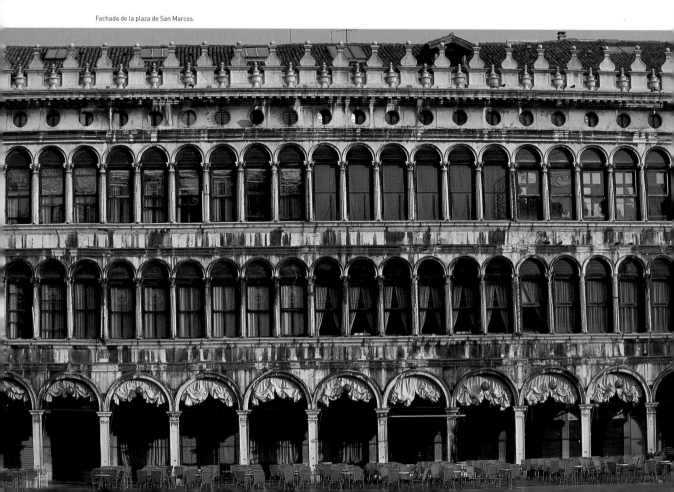

Placita de San Marcos.

tanto como la plaza. Desemboca en la laguna, donde se encuentra con la plaza, con su muelle repleto de las omnipresentes góndolas.

Da la impresión de que todas las calles de Venecia conducen a la plaza de San Marcos, ya que en casi todas ellas hay postes que indican dónde se encuentra. Del mismo modo, todos los canales parecen llevar al Gran Canal. En la actualidad, las góndolas que se deslizan a lo largo de las fachadas de los palacios que los flanquean son utilizadas casi exclusivamente por los turistas.

El clima de Venecia en invierno es frío y húmedo, pero se trata sin duda de la estación ideal para visitarla: hay muchos menos turistas, los precios de los hoteles son mas bajos y con un poco de suerte se puede presenciar cómo el agua inunda la plaza de San Marcos, lo que obliga a los viandantes a buscar caminos más elevados para no mojarse los pies. Y, además, incluso en invierno hay espléndidos cielos azules.

Palacio Ducal.

Un día de invierno en Venecia debe concluir con una visita al Caffè Florian para degustar en él un reconfortante chocolate caliente o el típico cóctel veneciano, el *spritz* (vino blanco, corteza de limón, aperitivo amargo y gaseosa). Este local, fundado en 1720 y frecuentado por Byron y Goethe, está decorado con murales y espejos agrietados por la acción del húmedo aire marino.

ⓘ ....

Desde el aeropuerto Marco Polo se puede tomar un *vaporetto* (autobús acuático) o un taxi acuático para llegar al Molo. Los alojamientos son caros y no es fácil conseguir habitación en ellos, sobre todo en los meses de verano. La vecina ciudad industrial de Mestre ofrece precios más económicos y desde ella se llega a Venecia en un corto viaje en tren. El hotel Regina y Europa es un establecimiento de lujo en un antiguo palacio sobre la desembocadura del Gran Canal. Una red de líneas de *vaporetti* cubre la mayor parte de los canales y constituye un buen medio de transporte.

Palacio Ducal.

El Palacio Ducal visto desde lo alto del *campanile*.

Fachada de la basílica de San Marco.

Dead Vlei

Parque Nacional de Sossusvlei, Namibia

Al amanecer en el calcinado desierto de Namibia, la luz anaranjada del sol ilumina en primer lugar las puntas de los esqueléticos árboles (acacias eriolobas), que alzan hacia el cielo sus ramas resecas. A continuación, la luz baja progresivamente por los troncos, tal como lo ha hecho desde siempre, hasta alcanzar la agrietada superficie blanca de Dead Vlei. A partir de este momento, todo parece acelerarse, cuando la luz del sol barre las sombras y se extiende por todo el lecho del antiguo lago. Al observar, impresiona el contraste entre el blanco agrietado de Dead Vlei y el rojo de las dunas que lo rodean, con una línea perfectamente definida entre medio de ambos.

Un *vlei* es el lecho de un lago y en el Parque Nacional de Sossusvlei hay tres de ellos. El Dead Vlei es menor que el que da nombre al parque, pero es más característico y su localización es más impresionante. (El tercero es el Hidden Vlei, que es aun más pequeño.)

Sossusvlei forma parte del desierto de Namibia, que da nombre al país en que se encuentra. Los transportes públicos al parque son deficientes, por lo que es preferible quedarse en uno de los campamentos de lujo, que disponen de medios de transporte propios para adentrarse en el parque. Si el presupuesto no permite esta opción, hay alojamientos más baratos en Sesriem, cerca de la entrada del parque.

Dunas en el valle del río Tsauchab.

La conducción en el desierto es difícil. Hay un estacionamiento para vehículos de tracción a las cuatro ruedas a unos 4 km de Sossusvlei. Pero los que conduzcan un coche de tracción a dos ruedas deben utilizar un estacionamiento situado en una pista de tierra a unos 60 km de la entrada al parque y seguir en autobús hasta el otro estacionamiento. Desde allí hay una pesada cuesta arriba de unos 20 minutos hasta Dead Vlei.

A pesar de la ausencia casi completa de agua (la última vez que llovió en Sossusvlei fue en 1997 y nadie recuerda cuándo lo hizo en Dead Vlei), sobreviven todavía algunas formas de vida. Con un poco de suerte es posible ver pasear algunos desgarbados avestruces o una manada de oryx aguardando inmóviles en la cálida arena a que el día refresque. También se pueden ver, ya en otra escala el rastro errático de algún escarabajo. Estas criaturas pasan la mayor parte del tiempo enterrados en la arena y sobreviven del rocío que algunas veces llega desde la costa atlántica a muchos kilómetros de distancia, para lo cual colocan la cabeza y esperan a que se condense alguna gota de agua abajo en los élitros.

El parque es famoso también por sus dunas, de las que se dice son las más altas del mundo. De hecho, la Big Daddy, la más alta de Sossusvlei, tiene más de 300 metros de altura. Las dunas son de un color rojo oscuro, que se intensifica con la luz del sol tanto del amanecer como del atardecer.

Intente subir por lo menos a una de esas dunas, pero asegúrese antes de que lleva una abundante provisión de agua, ya que es una tórrida y agotadora experiencia. Desde la cima se disfrutan de unas espectaculares

Caminando a lo largo de la duna 45.

Acacia erioloba de Dead Vlei.

Imponente duna «engullendo» unas acacias eriolobas en el valle del río Tsauchab.

vistas del desierto, cuyo infinito mar de dunas resulta tan impresionante como sobrecogedor.

Cuando visite Namibia intente ver la Skeleton Coast («costa de los esqueletos»), una desolada franja de la costa atlántica en cuyas playas es fácil encontrar restos de naufragios, huesos de ballenas y, ocasionalmente, de leones.

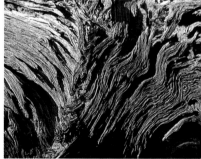

Acacia erioloba.

ⓘ ....

Se puede llegar por carretera a Sossusvlei desde Windhoek, la capital de Namibia, o bien desde Ciudad del Cabo tras un largo viaje a lo largo de la frontera de Sudáfrica. Son escasos los alojamientos cercanos a la entrada del parque, situada en Sesriem, pero hay varios campamentos de lujo y complejos turísticos a tan sólo una hora de la entrada principal. La mejor manera de apreciar el desierto es subir a la cima de una de las dunas, pero llevando mucha agua. Es también preciso llevar suficiente dinero en efectivo, ya que las gasolineras de Namibia no aceptan tarjetas de crédito.

Cataratas de Iguazú
Brasil y Argentina

**Si hay unas cataratas perfectas, éstas son sin duda las de Iguazú. En reali-
dad, se trata de una serie de cataratas que discurre a lo largo de la frontera
entre Argentina y Brasil, donde toman el nombre de Saltos do Iguaçu.**

Una de ellas es la Garganta del Diablo, con un clásico perfil de herradura:
una senda conduce desde la parte argentina al extremo de la catarata, lo
que permite ver de cerca la pared de agua que se precipita al vacío.

La catarata de Santa María, situada en el lado brasileño, queda in-
terrumpida en su mitad por una altiplanicie en la que el agua se desliza

Al amanecer, el vapor de agua sobre las cataratas de Iguazú adquiere una hermosa tonalidad anaranjada.

El Salto de los Tres Mosqueteros, en el lado argentino.

La puesta de sol en el lado argentino.

entre rocas recubiertas de musgo y cuenta con un paseo festoneado de arcoiris desde el que se pueden contemplar las cataratas en su conjunto.

Ambos paseos son un goce para los sentidos: el ruido ininterrumpido del agua que se convierte en rugido a medida que nos acercamos, las refrescantes salpicaduras del agua pulverizada y los impactos del viento creado por el aire desplazado por los ingentes volúmenes de agua.

Semejante monumento de la naturaleza se extiende a lo largo de un par de kilómetros, en los que se suceden numerosas cataratas. A algunas de ellas solamente se puede llegar a bordo de una embarcación, mientras que otras sólo se pueden ver desde una isla situada sobre las cataratas, en el centro del río. Iguazú está flanqueado a ambos lados por la selva, en la que se han creado dos parques nacionales.

A diferencia de lo que hemos venido sugiriendo en este libro, no vale la pena visitar las cataratas muy temprano, ya que la luz solar no llega a la parte baja de las mismas hasta una o dos horas después del amanecer.

La Garganta del Diablo.

Las cataratas desde el lado argentino.

La mayor parte de Iguazú se encuentra en territorio argentino, pero algunos de los paisajes más bellos se encuentran en el lado brasileño, especialmente en la puesta del sol. Es muy sencillo ver ambos lados en un solo día, ya que se realizan visitas organizadas muy económicas.

El lado brasileño de la frontera es, posiblemente, el menos desarrollado y aquellos que deseen cierto aislamiento pueden optar por alojarse en el ecohotel Tropical Las Cataratas. Situado dentro del parque nacional, está construido en estilo colonial portugués, con algunas habitaciones con vistas sobre parte de las cataratas, y hay una torre con reloj desde la que se puede ver la puesta del sol. A pesar de los carteles advirtiendo de la presencia de jaguares y serpientes, se puede pasear de noche por la parte baja de las cataratas, donde el ruido es todavía más ensordecedor, a la luz de la luna y ver cómo ésta se refleja en el agua.

Las noches de luna llena se organizan visitas nocturnas especiales para todo el mundo y la luz es lo bastante brillante como para poder observar con detalle las cataratas.

La Garganta del Diablo y la parte alta del Salto de Santa María.

ⓘ ....

Hay vuelos a Foz do Iguaçu, el pueblo brasileño situado junto a las cataratas, tanto desde Río de Janeiro como desde de Saõ Paulo. Si bien son muchos los que hacen un viaje de un solo día desde alguna de estas ciudades, vale la pena dedicar un par de días para visitar el lado argentino; es muy fácil, ya que la mayor parte de los hoteles organizan visitas y no se necesitan visados. Se puede practicar ráfting, explorar la selva adyacente e incluso sobrevolar las cataratas en helicóptero. El hotel Tropical Las Cataratas, situado en el lado brasileño, ofrece un acceso privilegiado a sus huéspedes, especialmente los lunes por la mañana, cuando el parque está cerrado al público en general.

Petra

Jordania

La ciudad de Petra fue esculpida en arenisca roja en el siglo III a.C. por los nabateos, un pueblo nómada de origen árabe. La única manera de llegar a ella es a través de un *siq*, un largo y estrecho desfiladero. Este camino retorcido, erosionado por las riadas a lo largo de miles de años, se abre paso entre rocas que se alzan a ambos lados con alturas de hasta 100 metros.

En algunos puntos, el *siq*, de 1,2 km de longitud, es lo bastante ancho como para que lo ilumine la luz del sol y desparezca la oscura y opresiva atmósfera que lo domina; en otros, en cambio, no tiene más que unos pocos metros, lo que hace que parezca que sus paredes se vayan a cerrar en cualquier momento sobre el caminante. Caminar por él a primera hora de la mañana resulta una experiencia impresionante, en la que tan sólo

Las tumbas reales vistas desde la plaza de los Sacrificios.

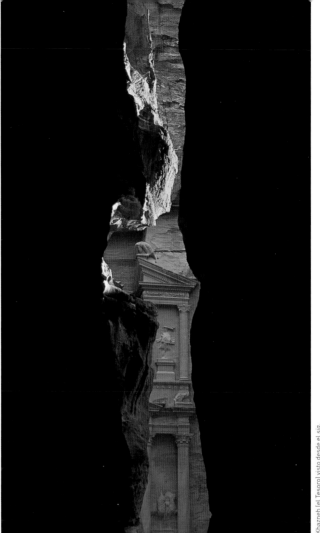

Al Khazneh (el Tesoro) visto desde el *siq.*

se escucha el soplar del viento por el desfiladero y el eco de las propias pisadas.

Hubo un tiempo en el que en el *siq* se congregaban las caravanas de camellos cargadas de riquezas, y los romanos, que lograron conquistar la ciudad el año 106 d.C., tuvieron que luchar denodadamente hasta hacerse con su control.

Al salvar el recodo final del *siq* se encuentra la dominante fachada de Al Khazneh («el Tesoro»). Aun cuando los relieves han sido seriamente dañados por los beduinos, que los utilizaron en su día como blanco en sus prácticas de tiro, todavía queda mucho por ver, como por ejemplo la gran urna en la parte alta, que los beduinos demolieron en parte convencidos de que ocultaba el tesoro perdido del rey Salomón.

La fachada de Al Khazneh (el Tesoro).

Templo romano.

Las excavaciones realizadas frente a esta última sugieren que hubo otras edificaciones bajo la estructura actual, enterradas bajo los restos rocosos arrastrados por las riadas anuales que dieron forma al *siq*. El sol baña el «Tesoro» durante unas cuantas horas a partir de las 9.30 horas, pero su color rojizo y su ambiente se acentúan más en la sombra. Se puede tener una panorámica muy hermosa del Tesoro escalando la fachada rocosa por la parte derecha del *siq* hasta alcanzar el mismo nivel de la parte más alta del monumento, aunque en teoría no está permitido hacerlo.

Todas estas grandiosas fachadas, incluso la del Tesoro, son en realidad tumbas. Las casas desaparecieron hace ya mucho tiempo, pero todavía quedan restos bien conservados del teatro excavado en la roca, con capacidad para 7.000 espectadores, y así como del templo construido por

PETRA

los romanos durante su dominio sobre la ciudad. También se ha conservado un buen tramo de la calzada nabatea que transcurría por la zona del antiguo mercado, donde antaño se reunían los mercaderes.

No es de extrañar que la ciudad, estando como está oculta en medio del desierto, permaneciera olvidada durante más de 300 años, habitada tan sólo por unos cuantos beduinos, hasta 1812, cuando Johann Burckhardt la «redescubrió» para el mundo occidental.

En la actualidad, los beduinos ya no viven en la ciudad, pero disfrutan de el derecho exclusivo de explotación de la zona, que en su día recibieron a cambio de trasladarse a un pueblo próximo.

Escultura erosionada de un hombre con su camello en el *siq*.

94

Vista interior del Tesoro.

Edificio en la calle de las fachadas.

Camellos frente al Tesoro, con el *siq* al fondo.

Petra es inmensa y se necesitan varios días para tomar conciencia de su real magnitud, especialmente si se quieren visitar los lugares más alejados, como el monasterio ubicado en unas colinas cercanas. Para apreciar el tamaño de Petra conviene subir la empinada escalera que conduce a la plaza de los Sacrificios, desde la que se tiene una visión panorámica de casi toda la ciudad, así como contemplar la puesta del sol cuando se esconde tras las montañas situadas en el extremo más alejado del valle, antes de regresar al hotel por el *siq*, que oscurece rápidamente.

ⓘ ....

Petra se encuentra a pocas horas de viaje de la capital jordana, Amman, y se llega fácilmente en coche o autobús. Hay varios hoteles, pero el Mövenpick, de cinco estrellas, se encuentra a pocos minutos de la puerta de entrada, lo que permite empezar temprano la visita al conjunto monumental. En el interior hay puestos que ofrecen comida y bebidas, pero es conveniente llevar suficiente agua consigo para evitar la deshidratación. Se puede entrar desde la salida del sol hasta las 18.00 horas, aunque es conveniente alargar algo la visita para poder contemplar la puesta del sol. En el centro de atención a los visitantes se pueden comprar pases para uno, dos o tres días, así como también contratar los servicios de un guía.

Glaciar de las montañas Chugach.

Al contemplar cualquiera de los 16 glaciares que se abren paso desde las montañas Chugach y a pesar de las bajas temperaturas reinantes, uno es capaz de sentir el frío que se desprende de esas macizas paredes de hielo.

El fiordo College fue descubierto en 1898 por una expedición que buscaba un camino para llegar a las minas de oro del Klondike sin tener que pasar por el Yukon. La extensión del fiordo es de 30 km y a los glaciares que en él desembocan se les ha bautizado con los nombres de las universidades americanas pertenecientes a la Ivy League. El más alejado es el glaciar Harvard, que es uno de los pocos que todavía continúa avanzando hacia las frías aguas del golfo de Alaska. Otros, aun cuando en su avance hacia el mar todavía excavan valles de escarpadas paredes, se están deshelando a mayor velocidad que lo que progresan, por lo que da la impresión de que retrocedan.

El mejor modo de llegar al fiordo College es en un crucero que, por lo general, parte de Prince William Sound en dirección sudeste. Para los más aventureros existe la posibilidad de acercarse a los glaciares en ka-

El fiordo College cubierto de niebla, con las montañas Chugach al fondo.

yak. Conviene llegar a tiempo para contemplar la salida del sol, cuando las nubes descienden de las montañas Chugach y cubren a veces las aguas del fiordo, teñidas de naranja y púrpura por los tempranos rayos solares.

Las tonalidades del hielo van desde el blanco inmaculado en la cima de las montañas hasta una amplia gama de azules y turquesas en las paredes. (No es, pues, de extrañar que los idiomas propios de los pueblos nativos de las regiones frías tengan palabras muy diferentes para hielo y nieve.) Los glaciares arrastran tierra y rocas al abrirse camino por los empinados valles. Se mueven a velocidad geológica y se puede ver una clara línea en la confluencia de las rocas y la vegetación de la montaña con la corriente de hielo.

Es difícil calcular el tamaño y las proporciones del fiordo y los glaciares. Cuando se contemplan desde el barco, las macizas paredes de hielo que entran en contacto con el mar parecen tan altas como un edificio, pero en realidad llegan a ser hasta diez veces más altos. El efecto escala influye también al calcular la estructura de los glaciares. Vistos desde lejos parecen uniformes, pero al acercarse a ellos se observan grandes

Orcas (ballenas asesinas).

Glaciar de las montañas Chugach.

Desembocadura de un glaciar en el fiordo College.

Doble página siguiente: meandro de un glaciar de las montañas Chugach.

grietas, escarpados picos y profundas quebradas que se han formado por la acción de la inmensa presión de millones de toneladas de hielo que se arrastran montaña abajo. Cuando la pared de hielo alcanza el mar se desploma sobre las aguas y se rompe en pedazos, que quedan flotando en el fiordo, proceso que se conoce como *calving*. Algunos de estos bloques pueden ser tan grandes como un edificio y el estruendo que producen al desgajarse del glaciar y golpear el agua resulta ensordecedor. A la salida y a la puesta del sol reflejan la luz y hacen que el mar parezca una inmensa sábana de cristales astillados.

Sorprendentemente, este ambiente tan inhóspito alberga una gran variedad de fauna salvaje. Con un poco de suerte se pueden ver en el crucero orcas blanquinegras e incluso ballenas blancas, por no hablar de las focas y las nutrias marinas.

ⓘ ....

Por su remota ubicación, el único modo de alcanzar el fiordo College es en un crucero. Líneas especializadas como Norwegian Cruise Line o Princess Cruises ofrecen cruceros de siete noches entre Seattle o Vancouver y Seward, que se encuentra a tres horas de Anchorage, con escala en Ketchikan, Juneau, Skagway y Glacier Bay. También hay cruceros de ida y vuelta desde Seattle o Vancouver, así como otros que parten de Seward en dirección sur. La mejor época para visitar el fiordo College es entre junio y agosto, pues los inviernos son largos y muy rigurosos.

Estatuas del séptimo pilono del santuario de Amón.

El recinto de Amón reflejado en el lago sagrado.

El templo de Karnak constituye la máxima expresión de la búsqueda de la inmortalidad por parte de los antiguos faraones egipcios. En tanto que muestra de la arquitectura religiosa, es más representativo de la vida en el antiguo Egipto que las propias pirámides de Giza, ya que éstas, a pesar de sus impresionantes dimensiones, son quizá meras tumbas de los últimos faraones del Imperio Antiguo. La influencia del templo, que se extendió durante más de 1.300 años, estuvo íntimamente unida al poder de los faraones.

La gran sala hipóstila, con más de 3.500 años de antigüedad, ocupa una extensión de 6.000 m² e incluye un bosque de 136 columnas de piedra de 23 metros de altura y otros 15 de circunferencia. Muchas de ellas han sido objeto de importantes intervenciones, pero conservan los elaborados bajorrelieves en los que se representan a varios dioses egipcios, Amón en particular, al que se consagró este recinto. Algunos de los pilares conservan aún restos del color original, que se remonta al 1.300 a.C. aproximadamente.

En tiempo de los faraones, esta sala estaba cubierta y todavía se pueden ver algunos de los dinteles que la sustentaban. El interior quedaba sumido en una semioscuridad acentuada por los rayos de luz que entraban por las enrejadas ventanas situadas a lo largo del pasillo central. Resulta fácil imaginar las procesiones de los sacerdotes avanzando por el recinto sagrado e incluso a los faraones deteniéndose a admirar los bajorrelieves que representaban a los dioses a su imagen y semejanza.

El recinto de Amón es el más grande y completo de los tres conjuntos de que se compone el templo de Karnak. Los otros dos, el templo de Mut y el recinto de Montu, están casi en ruinas. Aun cuando la gran sala hipóstila

Deteriorados bajorrelieves en uno de los santuarios del recinto de Amón.

es la estructura más impresionante del santuario de Amón, hay muchas más cosas que visitar en el complejo. Desde la entrada, una avenida de esfinges con cabeza de carnero conduce hasta el primer pilono, una pared de 43 metros de altura con una abertura en el centro para permitir la entrada. En el patio al que se accede tras esta pared se encuentra una estatua colosal de Ramsés II y un pequeño templo dedicado a Ramsés III. Fuera de éste se halla una serie de esfinges así como otras estatuas de grandes dimensiones. Tras el siguiente pilono están las columnas de la gran sala hipóstila y, a continuación, el resto del templo de Karnak, a cuya visita se pueden dedicar fácilmente un par de días. Yo recomendaría utilizar los servicios de un guía local, aunque sólo sea para librarse del acoso de los visitantes del templo en su constante petición de *baksheesh*, es decir, propinas.

De día, Karnak tiende a estar muy concurrido, pero llegando cuando abren por la mañana, a las seis, está casi siempre desierto. Conviene llevar dinero suelto para la entrada, ya que a esa hora no suelen tener cambio. Cuando, hacia las 9.00 horas, comienzan a llegar las multitudes, se puede abandonar el recinto y, si se soporta bien el calor de la tarde, volver

EL TEMPLO DE KARNAK

Columnas de la gran sala hipóstila.

Bajorrelieve en el muro exterior de la gran sala hipóstila.

pasadas las 15.00 horas, cuando se van los grupos de los viajes organizados y la tranquilidad vuelve de nuevo al templo. A veces es posible utilizar
el mismo billete de entrada de la mañana.

De vuelta al pueblo, se puede pasear a lo largo de la avenida de las esfinges, en la que antaño se celebraban procesiones en honor de Amón. En
la actualidad, las esfinges han desaparecido y la misma avenida desapa-
rece un tramo en las inmediaciones de Luxor para regresar de nuevo
en la entrada posterior del templo de Luxor. En este punto se encuentra
con otra avenida de esfinges aún más impresionante, que une los templos
de Karnak y Luxor tal como lo hacía en tiempo de los faraones.

(i) ···

Se puede llegar fácilmente a Luxor mediante vuelos domésticos desde El Cairo o utilizando un tren nocturno, muy confortable, que parte de la capital. El hotel más famoso de Luxor es el antiguo Winter Palace, situado en el centro de la ciudad, pero para visitar Karnak es más conveniente el Nile Hilton. Los taxis son muy baratos, pero, como todo en Egipto, hay que regatear la tarifa. También se puede tomar una calesa tirada por caballos, pero en ese caso escoja siempre aquellas en que los caballos parezcan sanos y no permita que el cochero los lleve al galope. No se vaya de Luxor sin visitar los valles de los Reyes y de las Reinas a lo largo del Nilo.

Pies de la colosal estatua de Ramsés II en el recinto de Amón.

Uno de los santuarios del recinto de Amón.

Río de Janeiro
Brasil

Vista del Pan de Azúcar desde el Corcovado al anochecer.

La montaña del Corcovado, coronada por la estatua del Cristo Redentor, de 32 metros de altura, que preside la bahía de Guanabara, es uno de los símbolos de Río de Janeiro y desde luego resulta difícil de olvidar. Desde este lugar y en un día claro se puede ver casi toda la ciudad, desde el distrito comercial del centro hasta las famosas playas de Ipanema y Copacabana. Desde allí también se aprecia una de las mejores vistas del Pan de Azúcar, otro de los símbolos de la ciudad.

En mi opinión, Río es la ciudad portuaria más impresionante del mundo, superior incluso que Sydney o que Hong Kong. Si estas dos resultan sorprendentes de una manera un tanto artificial, Río cuenta en cambio con la ventaja de haberse edificado sobre una serie de colinas, algunas de ellas todavía recubiertas de selva virgen, junto a uno de los parajes naturales más bellos, que es el formado por las islas graníticas de la bahía de Guanabara. Al Corcovado, que forma parte de un parque que abre sus puertas a las 8.00 ho-

Vista desde el Corcovado.

El Cristo Redentor.

ras, se puede llegar en taxi o en un renqueante tranvía que repta hasta la cima. Vale la pena hacer el esfuerzo de llegar a la cumbre a primera hora, cuando las nubes iluminadas por la luz del sol naciente cubren toda la bahía y solamente sobresalen las cúspides de las islas. También merece la pena realizar la visita en la puesta del sol, cuando éste se oculta tras las colinas que circundan Río y se empiezan a encender las luces de las calles.

Asimismo, es muy interesante contemplar Río y el Corcovado desde el Pan de Azúcar, tanto al inicio como al final del día, cuando la ciudad ofrece aspectos muy diferentes.

Playa de Ipanema.

Pero si lo que quiere es ver una maravillosa salida del sol, tome un taxi que le lleve a San Cristóbal, que está fuera del parque. Aunque es más bajo que el Corcovado, tiene una espléndida vista sobre la bahía.

Desde la cima del Pan de Azúcar se puede tomar un helicóptero que sobrevuela de cerca la estatua del Cristo Redentor por menos de 50 €.

Con todo, Río es mucho más que paisajes y bellezas naturales. No hay otra ciudad en el mundo que encarne mejor la filosofía de «vivir la playa».

Playa de Copacabana.

Para comprobarlo basta ver las playas de Copacabana e Ipanema, inmortalizadas en canciones mundialmente conocidas y fiel reflejo del carácter de los cariocas, que es como se conoce a los habitantes de Río. A partir del momento en que los noctámbulos se retiran después de ir de marcha durante toda la noche y son reemplazados por los primeros aficionados al *jogging*, la ciudad se convierte en un variopinto espectáculo: gente de vacaciones, asiduos a la playa, jugadores de vóleibol, culturistas, todo ello con un fondo de *bossa nova* y con algún que otro cóctel en la mano.

Durante años, Río se ha ganado una mala reputación a causa de la criminalidad callejera, pero no cabe duda de que ha hecho grandes esfuerzos para remediar esta situación. Como en todas las grandes ciudades, las drogas y la pobreza hace que algunos barrios de la ciudad sean menos seguros que otros, pero si se mueve por las áreas más importantes, en las que por otra parte se encuentran prácticamente todas las atracciones tu-

Tranvía de Santa Teresa.

rísticas, y no se hace ostentación de objetos valiosos, Río resulta menos amenazadora que otras muchas capitales europeas. De hecho, lo que más me molestó fueron las constantes advertencias que me hacían para que tuviera cuidado con mis pertenencias.

(i) ....

Hay muchas líneas aéreas que vuelan a Río desde todo el mundo. La mayor parte de los hoteles se encuentran ubicados a lo largo de las playas de Copacabana e Ipanema. El más famoso es el Copacabana Palace, y aunque no se esté alojado en él vale la pena tomar una copa al atardecer en el bar de la terraza. Cuando vaya a la playa, deje todas sus pertenencias de valor en el hotel. El centro de la ciudad se encuentra bastante alejado de las playas, pero abundan los taxis, que además resultan baratos. No se pierda las vistas panorámicas desde el Pan de Azúcar y el Corcovado.

Vista desde el Corcovado.

Selva de Taman Negara
Malasia

Vista desde el paso elevado en Kuala Tahan.

Vista desde Bukit Teresek.

Taman Negara existe desde hace más de 130 millones de años, lo que la convierte en la selva más antigua del mundo. Se encuentran en ella elefantes, rinocerontes de Sumatra e incluso tigres, así como 14.000 especies de plantas y otras 300 de pájaros, y se encuentra a unas tres horas de viaje desde Kuala Lumpur, la capital de Malasia.

La mejor manera de llegar al parque nacional que rodea la selva es tomar un autobús a Kuala Tembeling, y desde allí, una embarcación río abajo hasta la puerta del parque en Kuala Tahan. Este viaje en lancha forma parte de esa experiencia única que es Taman Negara al tiempo que permite hacerse una idea cuán aislado se está del mundo exterior. Al bordear el parque, se disfruta de unas impresionantes vistas de la selva suspendida sobre las aguas.

En Kuala Tahan se encuentra el Taman Negara Resort, en el que se puede encontrar todo tipo de alojamiento, desde albergues baratos hasta las suites más lujosas. A lo largo del río y en la orilla opuesta están atracados unos cuantos restaurantes flotantes, en los que se puede degustar comida local a precios módicos. El complejo se halla dentro del parque y la selva comienza inmediatamente donde acaba el mismo, si bien los monos y los pájaros no respetan este límite y se pueden ver por todas partes.

A poco que se adentre uno en la selva, ésta parece como si te engullera, dejándote del todo incomunicado del mundo exterior. Los árboles absorben los ruidos del exterior, ocultan el horizonte e incluso crean un microclima propio en el que los rayos del sol no tienen cabida, protector y opresivo al mismo tiempo. Se requiere cierto tiempo para adaptarse al sonido de la selva. El continuo zumbido de los insectos se ve interrumpido por los estri-

dentes chillidos de todo tipo de primates y pájaros. Durante la noche este sonido se magnifica hasta el punto de impedir conciliar el sueño.

La selva, con los elefantes, tigres, serpientes venenosas e insectos agresivos que pululan por ella, es un ambiente hostil. También hay que tener cuidado con las sanguijuelas que proliferan en los senderos después de los regulares aguaceros, dispuestas a adherirse a cualquier persona o animal que pase por ellos. Para muchos visitantes, caminar a través de la selva puede despertar terrores ancestrales y crear un estado de alerta totalmente desconocido en la vida normal cotidiana.

Catarata de Lata Berkoh en el río Sungai Tahan.

Se pueden distinguir dos tipos de visitantes: los sensibles a la majestuosidad, la extraordinaria diversidad y los hermosos detalles del entorno, y aquellos a los que, literalmente, los árboles no les dejan ver el bosque. Desde luego existen lugares realmente fotogénicos es Taman Negara, como la catarata de Lata Berkoh y la panorámica desde las colinas de Bukit Teresek, pero las maravillas de verdad es todo cuanto le rodea a uno: lianas que penden de inmensos árboles, gigantescas raíces tras de las cuales se podría ocultar una docena de personas, destellos de color de los pájaros que cruzan como flechas, juegos de luces y sombras, y ríos que se deslizan perezosamente arrastrando en sus aguas restos de vegetación muerta.

Vista de las copas de los árboles.

El breve camino que parte de Kuala Tahan es el paso elevado más largo del mundo. No apto para medrosos, conduce durante 430 metros de un árbol a otro, a cuál más alto, a veces a 50 metros de altura, y permite contemplar a vista de pájaro las plantas y a veces incluso la fauna salvaje. Siendo como es la atracción turística más destacada de Taman suele estar muy frecuentada. La mayor parte de los días está abierta de 10.00 a 15.00 horas, pero los viernes (festivo semanal para los musulmanes), abre a las 8.00 horas y cierra al mediodía. Si se llega temprano, se puede disfrutar del trayecto en una cierta soledad, lo que aumenta las posibilidades de encontrarse pájaros y otras formas de vida animal.

Vista desde Bukit Teresek, con el río Sungai Tahan en primer plano.

El complejo es bastante grande, pero conviene evitarlo los fines de semana, en los que se llena de visitantes procedentes de la capital. Se pueden hacer excursiones de un solo día o bien pernoctar en uno de los escondites para fotografiar animales. Pasar una noche en alguno de estos lugares constituye una experiencia única. Inmerso en la cacofonía del sonido de los insectos se espera, y teme, la llegada de algún animal salvaje al tiempo que uno cobra verdadera noción del entorno en el que se encuentra y del que se ha dejado atrás. Los visitantes más intrépidos pueden

Raíces aéreas.

hacer una excursión de siete días para ascender al volcán Gunung Tahan, pero es imprescindible contratar un guía.

(i) ....

La selva de Taman Negara está a tres horas de coche de Kuala Lumpur. El último tramo del viaje se hace en lancha y al parque se accede por Kuala Tahan. El complejo de Taman Negara dispone de varios alojamientos, pero conviene evitarlo los fines de semana, pues están muy llenos. Las mejores vistas y sonidos se obtienen desde el paso elevado. La mejor manera de conseguir observar alguno de los animales salvajes más huidizos es hacer una excusión a uno de los escondites y pasar allí la noche.

Silueta de los árboles a la puesta del sol.

La fortaleza de Jaisalmer
India

La fortaleza al anochecer.

La cisterna de Gadi-Sagar llena tras el monzón.

La fortaleza de Jaisalmer se encuentra en pleno desierto de Thar, en la parte más occidental del Rajastán. La ciudad de donde toma el nombre está situada en una antigua ruta comercial utilizada para transportar especias y sedas entre Arabia y la India, y parece salida, más que cualquier otro lugar de la India, de *Las mil y una noches*. Se caracteriza, por una parte, por su situación en un remoto e inhóspito desierto y, por otra, por su belleza. Los mercaderes, que amasaron grandes riquezas con el comercio, construyeron elegantes *havelis*, o casas, con ventanas y balcones finamente trabajados en un estilo más árabe que indio.

Hay en Rajastán otras fortalezas más grandes e impresionantes, como la de Jodhpur, pero pocas disfrutan de una ubicación tan aislada y con semejante encanto. Además, Jaisalmer tiene la peculiaridad de ser la única fortaleza habitada que queda en el mundo. El laberinto de callejuelas re-

bosa de vida y los visitantes tienen que abrirse paso entre vacas sagradas que, en su condición de animales dignos de veneración, se comportan como si fueran las protagonistas del lugar.

La fortaleza, que se construyó cuando se fundó la ciudad en 1156, cuenta con un total de 99 bastiones unidos por murallas, que son dobles en algunos lugares. Éstas han sido testigo de no pocos episodios sangrientos a lo largo de su historia, y desde lo alto se pueden ver todavía grandes rocas preparadas para ser arrojadas sobre las tropas sitiadoras. Algunas partes de la ciudad parecen estar todavía en pie de guerra, pero lo cierto es que la fortaleza fue saqueada por primera vez en 1294 a manos de los invasores musulmanes. Los guerreros Rajput no se rendían jamás y preferían hallar la muerte guerreando, acto suicida conocido como *johar*, mientras que sus mujeres e hijos se arrojaban a hogueras para preservar el honor.

Aunque la atracción principal de Jaisalmer es la propia fortaleza, hay otras cosas que no debe perderse. El Rajmahal, el palacio residencia de los antiguos marajás, ocupa dos de los lados de la plaza principal del recinto y tiene siete plantas de altura (desde lo alto se disfruta de una magnífica vista sobre el pueblo que se extiende a sus pies y el desierto a lo lejos).

Hay también un grupo de templos jainistas con exquisitos grabados del siglo XII, que es cuando se construyó la fortaleza. En los que está permitido

Detalle de un balcón ricamente trabajado.

visitar el interior se puede disfrutar de un sutil juego de luces y sombras en los grabados, que los hace más impresionantes aun que los del exterior.

La cisterna de Gadi Sagar, construida hace casi 700 años, era la única reserva de agua con que contaba la ciudad. En la actualidad está seca casi siempre, pero con los monzones, en septiembre, a veces se llena y entonces se puede disfrutar de la inusual estampa de la fortaleza sobre un gran lago.

A pesar de haber sobrevivido durante casi 900 años, en la actualidad la fortaleza corre un serio riesgo de derrumbe. Las autoridades de la ciudad culpan de este hecho a la contracción del suelo ocasionada por el consumo excesivo de agua por parte de los hoteles y las pensiones dentro del recinto. Los propietarios de los mismos, a su vez, culpan a las autori-

Havelis de Jaisalmer.

dades por carecer de tubos de drenaje suficientes. Sea cual sea la causa, la tendencia es a eliminar todos los negocios del interior del fuerte, lo que significa que los turistas deben alojarse en la ciudad fuera del recinto y pagar por visitarlo. Se esté de acuerdo o no con esta estrategia, lo cierto es que esto cambiará la atmósfera del lugar para siempre.

Hace ya mucho tiempo que las caravanas de camellos dejaron de recalar en Jaisalmer, pero todavía sigue siendo un centro comercial importante que atrae a las gentes de las aldeas vecinas. Sin embargo, los camellos continúan contribuyendo a la economía de la ciudad, ya que varios operadores turísticos ofrecen rutas en camello por el desierto.

Detalle de escultura en un templo jainista.

Templos jainistas en el interior de la fortaleza.

Vaca sagrada en una de las estrechas calles de la fortaleza.

En las afueras de la ciudad se encuentran los *chatris* (cenotafios reales) de Barra Bagh. Éstos ofrecen unas espléndidas vistas sobre el fuerte y son ideales también para contemplar la puesta del sol, cuyos últimos rayos convierten el amarillo uniforme de la ciudad y la fortaleza durante el día en un resplandeciente halo dorado.

ⓘ ....

Durante la temporada alta (de noviembre a enero) se puede volar a Jaisalmer directamente desde Nueva Delhi. El resto del año, el aeropuerto está cerrado y se debe utilizar el tren nocturno o el autobús desde Jodhpur (hay tres vuelos diarios, por lo menos, entre Delhi y Jodhpur). En Jaisalmer hay dos hoteles Heritage, el Jawahar Niwas y el Naryan Niwas Palace; este último ofrece magníficas vistas del fuerte desde su terraza.

Escultura de un elefante en el exterior del Nathmal ki Haveli.

Las islas Galápagos
Ecuador

Pareja de pájaros bobos de patas azules preparando el nido, isla de Seymour Norte.

Iguanas marinas, isla de Bartolomé.

Fue en las islas Galápagos, frente a las costas de Ecuador, donde se demostró por primera vez la teoría de la evolución. En 1835, Charles Darwin (1809-1882) estuvo en las Galápagos durante cinco semanas, observando y coleccionando muestras de la flora y la fauna.

Fue la diversidad de formas de vida que encontró en esta pequeña zona, así como las transformaciones que habían sufrido para adaptarse a las particulares condiciones locales, lo que le llevó a formular su célebre teoría de la evolución, publicada en 1859 bajo el título *Sobre el origen de las especies por medio de la selección natural,*

que con el tiempo se convertiría en una de las obras más influyentes de toda la Historia.

Dado que en las islas no hay depredadores naturales, todavía es posible ver la diversidad de fauna salvaje que tanto inspiró a Darwin. La intervención humana ha sido mínima, por lo que los animales parecen no hacer caso de la presencia de visitantes.

Las diferentes especies han evolucionado para adaptarse a las características de cada una de las islas. Así, por ejemplo, el pájaro bobo de patas azules de la isla de Seymour Norte se alimenta cerca de la orilla, mientras que el de patas rojas, en islas más alejadas de la costa, como

Roca Pináculo, isla de Bartolomé.

Focas jugando, isla de Lobos.

la Genovesa, se adentran en el mar en busca de sustento. Ambas aves constituyen un buen ejemplo de especies emparentada entre sí, pero que se han adaptado de forma diferente de acuerdo con el entorno.

Para muchos, el animal más emblemático de las Galápagos es la tortuga gigante, que se puede ver caminando pesadamente por las tierras altas de Santa Cruz, la segunda isla en tamaño del archipiélago. Algunos ejemplares son tan viejos que posiblemente fueron testigos de la visita de Darwin en su juventud.

Por lo general, de la visita a las Galápagos uno se lleva toda una serie de estampas y experiencias únicas relacionadas con la fauna salvaje: nadar junto a un grupo de focas que continúan entrando y saliendo del agua mucho después de que te hayas retirado agotado a tierra seca; contem-

La isla de Lobos durante la puesta del sol.

plar a docenas de iguanas marinas apostadas en una roca; observar a pocos metros los rituales de cortejo de los pájaros bobos de patas azules;
sentir cómo pequeños tiburoncitos te rozan los pies cuando sales del agua;
observar cómo las tortugas marinas cruzan majestuosamente los arrecifes de coral, y, lo que es más excitante, ver emerger a una ballena jorobada
con su cría mientras lanza al aire el chorro de su respiración.

Es difícil visitar por libre el archipiélago, que se compone de 12 islas
principales y otras muchas más pequeñas. Lo más fácil es hacerlo en un
crucero de cuatro, siete o más días, y que permite ver los contrastes entre las diferentes islas.

Al navegar entre las islas del mismo modo que lo hiciera Darwin hace
casi 200 años, se tiene la sensación de convivir en un mundo virgen.

(i) ....

La única manera práctica de visitar las islas Galápagos es a bordo de un crucero. La agencia Metropolitan Touring ofrece una serie de interesantes alternativas, pero lo más frecuente es optar por las de cuatro a siete días de duración. La línea aérea Tame Airlines vuela a las islas desde Quito, la capital de Ecuador, vía Guayaquil. Asegúrese de que en el precio del operador estén incluidos los 100 $ que cuesta la entrada al parque; en ese caso, el billete de acceso debe estar convenientemente sellado (en caso contrario no permiten salir del aeropuerto hasta que no se abone dicha cantidad en efectivo). El acceso de barcos y turistas a las islas está sujeto a un estricto control por parte del gobierno de Ecuador con el fin de minimizar el impacto ambiental del turismo. No se puede viajar libremente entre las islas y tanto los horarios como las actividades permitidas están rigurosamente controladas.

Polluelos de gran fragata, isla de Genovesa.

Cangrejos. Rally lightfoot.

Tortuga gigante, isla de Santa Cruz.

Iguanas marinas, isla de Santiago.

León marino, isla de Seymour Norte.

Manhattan
Nueva York, EE.UU.

La estatua de la Libertad durante la puesta de sol.

El puente de Brooklyn en el crepúsculo.

Aunque no se haya estado nunca en Nueva York, todo lo relativo a esta ciudad resulta familiar, desde la imponente figura de la estatua de la Libertad hasta los destellantes anuncios de neón de Times Square, el verde oasis del Central Park y las calles flanqueadas de imponentes rascacielos por las que pululan los típicos taxis amarillos. Ninguna otra ciudad ha logrado formar parte de nuestro imaginario colectivo como ésta, si bien por muchas imágenes que hayamos visto de ella, uno siempre se queda corto al visitarla.

Sería absurdo no mencionar otras imágenes grabadas para siempre en la memoria del mundo: las de los aviones estrellándose contra las torres gemelas y las de éstas ardiendo y derrumbándose, una tragedia que cambió para siempre la silueta de la ciudad.

Wall Street con la Bolsa de Nueva York al fondo.

Nueva York se encuentra situada en la desembocadura del río Hudson y está dividida en cinco distritos, de los cuales Manhattan constituye el verdadero corazón de la ciudad. En realidad, se trata de una isla mucho más pequeña de lo que uno pueda imaginar y puede rodearse en un trayecto en barco de dos o tres horas, travesía conocida como la Circle Line. Su aislamiento y su carácter compacto confieren a Manhattan una autosuficiencia y una personalidad que la diferencian claramente del resto de la ciudad. Cada uno de los distritos de Nueva York se compone de barrios en los que, con el transcurso de los años, se han ido estableciendo diferentes comunidades inmigrantes, aportando a la ciudad el color y las tradiciones de sus países de origen. Por ejemplo, Chinatown y Little Italy encarnan dos mundos opuestos, separados por medio mundo, pero físicamente lo están solamente por el ancho de una calle.

Es fácil orientarse en la distribución cuadriculada de la ciudad y el metro es un práctico medio de transporte (conviene tener un mapa del metro a mano). Las calles discurren de este a oeste y las avenidas, de norte a sur.

Panorámica del centro de la ciudad.

Times Square.

Las manzanas son mucho más anchas entre las avenidas que entre las calles.

Paradójicamente, es desde abajo desde donde mejor se aprecia la vertiginosa sucesión de rascacielos dispuestos uno tras otro hasta cubrir casi por completo toda la isla. Las mejores panorámicas de la ciudad se tienen, sin duda, desde el célebre mirador del piso 86 del Empire State Building.

Nueva York rebosa de energía, comercial, social y culturalmente, de ahí que se la conozca como «la ciudad que nunca duerme». Desde el preciso momento en que se llega a ella, sea por tierra, mar o aire, uno se imbuye de esa energía, que no te abandona hasta que, a disgusto, llega el momento de abandonarla.

Un seis por ciento de la superficie de Manhattan corresponde al Central Park, que constituye un auténtico remanso de paz a pesar de estar en medio del caótico y ruidoso tráfico. Desde el extremo sudoriental se tiene

Edificio Chrysler.

El edificio Chrysler y el de las Naciones Unidas.

El Empire State (izquierda) y el edificio Chrysler vistos desde el Hudson.

una magnífica panorámica del parque, con los característicos edificios de la bulliciosa Quinta Avenida como fondo, un contraste más en esta ciudad de contrastes.

(i) ....

Las posibilidades de alojamiento en Nueva York son infinitas. Conviene decidir en qué zona se prefiere estar y escoger el hotel en consonancia. Moverse por Manhattan es fácil. El metro es barato, si bien se necesita cierto tiempo para acostumbrarse a sus mapas. También los taxis son baratos; los hay en abundancia y subirse en ellos constituye ya de por sí una auténtica experiencia. Las propinas han alcanzado el 15 por ciento sobre el total tanto en los restaurantes como en los taxis.

Vista sobre el lago del Central Park y la Quinta Avenida.

El Chase Manhattan Plaza (*inferior izquierda*), rodeado por otros edificios.

El lago Titicaca
Bolivia y Perú

Vista de la cordillera Boliviana desde la Isla de la Luna.

El lago Titicaca posee una belleza tan desolada como deslumbrante. La intensidad y riqueza del azul oscuro de sus aguas es único entre los lagos de agua dulce, y no hace sino resaltar todavía más la vastedad del cielo y el paisaje circundante. Situado a más de 3.600 metros de altitud sobre el nivel del mar, es el lago navegable más elevado del mundo. La transparencia del aire a esta altura, combinada con los colores del lago y sus islas, genera una paleta de colores de extraordinaria intensidad.

El lago, que tiene 176 km de longitud y unos cincuenta de ancho se halla entre Bolivia y Perú. Buena parte de la población autóctona lo considera un lugar sagrado y cree que los espíritus habitan en sus profundas aguas. Según los mitos andinos sobre la creación, el lago Titicaca fue la cuna de la civilización y que de él surgieron el sol, la luna y las estrellas.

Para poder apreciar el lago y la gente que habita en sus orillas es necesario trasladarse a alguna de sus islas, con un paisaje y una cultura

Barca de vela en la isla de Taquile.

Barcas en la isla de Taquile, con la isla de Amantani al fondo.

Hilado de lana con rueca para la fabricación de las tradicionales prendas de Taquile.

Ruinas incas en la Isla del Sol.

Puesta del sol desde Copacabana.

muy diferente a tierra firme. Numerosos turistas se dirigen directamente a la isla flotante de los Uros, totalmente construida en totora, una planta acuática de hojas delgadas y largas que se utilizan una vez secas. A medida que las plantas en contacto con el agua se van pudriendo y se desprenden, se añaden otras nuevas es la parte superior, método éste de construcción que se remonta a la antigüedad.

Las islas de Amantani y Taquile, a unas tres horas en lancha del pueblo de Puno, han sufrido menos el impacto del turismo. Sus habitantes hablan quechua, la lengua viva más antigua del Perú, y han conservado casi inalteradas sus tradiciones milenarias. Las gentes de Taquile visten todavía ropas fabricadas con tejidos que ellas mismas tejen con lana de alpaca. Las mujeres usan faldas y toquillas, mientras que los hombres se adornan con pretinas bordadas y gorras de lana.

Amantani es la isla más grande de las dos y está habitada por unas ochocientas familias de pescadores, granjeros y tejedores. Las terrazas pertenecientes a las diferentes familias están separadas por antiguos muros de piedra. Hay dos promontorios; sobre uno de ellos se encuentran las ruinas del templo de Pachamama y sobre el otro las del templo de Pachatata, en ambos casos de época, y que en preincaica representan a la madre tierra, y al padre tierra respectivamente. Todos los años, en el mes de enero, la población se divide con motivo de la fiesta de Santa Tierra entre los que peregrinan a uno u otro templo en ruinas.

La altitud hace que la ascensión al Pachamama resulte extenuante, pero las vistas que se tienen desde allí sobre las montañas de la Cordillera Real, en el lado boliviano del lago, justifica el esfuerzo. Este punto elevado es, además, un lugar ideal para contemplar la puesta del sol, cuando se hacen más intensos y vibrantes los colores del cielo y el lago.

La cima cubierta de nieve de la Cordillera Real es visible desde casi todo el lago y se recorta claramente sobre las grandes extensiones de agua y el cielo. En ocasiones es posible ver a algunos flamencos pavoneándose por los bajíos, introduciendo así una nota de color que rompe con la uniformidad del lago Titicaca.

Puno es la puerta de entrada desde el lado peruano del lago Titicaca. El viaje en tren que sale de Cuzco dura un día y transcurre por hermosos paisajes del altiplano. Desde La Paz se puede llegar al pueblo de Copacabana, en Bolivia, en la mitad sur del lago. Los mejores puntos de observación de los magníficos paisajes nevados de la cordillera boliviana se encuentran en las islas a las que se llega desde Copacabana, en concreto Isla del Sol e Isla de la Luna. No se deben subestimar los efectos de la altitud, sobre todo si se tiene previsto ascender las montañas de las islas. Hay un ferry que cruza el lago entre Perú y Bolivia; el trayecto dura exactamente 12 horas.

Isla de Amantaní, con la cordillera Boliviana al fondo.

Plantas de totora en la isla de los Uros.

143

El puente y la orilla oriental del estanque de los nenúfares.

La casa de Monet.

A cualquiera que conozca, siquiera vagamente, la obra de Claude Monet (1840-1926), le resultarán familiares los jardines de Giverny en Normandía, Francia. Su tranquilo estanque con nenúfares inspiró algunas de las mejores pinturas del siglo XIX.

Monet vio Giverny por primera vez desde la ventanilla del tren. Una vez se trasladó allí en 1883, comenzó a dar forma a los jardines, que con el tiempo acabaría considerando como su mejor obra. Hay lugares de luz y sombra donde los sutiles reflejos del follaje y las flores sobre las frescas aguas verdes cambian fugazmente por las variaciones de luz propias del siempre cambiante clima de la Normandía.

Los jardines, entrecruzados por numerosos senderos de grava, descienden suavemente hacia el estanque de nenúfares, de pequeñas dimensiones pero con una gran personalidad. A su alrededor discurre una senda con cambios de luz. En algunos tramos las vistas son despejadas, mientras que en otros quedan enmarcadas por los sauces llorones.

La casa de Monet es amplia y rústica, y se puede pasear por ella y sus alrededores contemplando los paisajes que inspiraron muchas de las obras del genial pintor francés. En tan privilegiado entorno pudo experimentar los cambios graduales de color a medida que se sucedían las estaciones.

El sendero más amplio, la Grande Allée, comunica la casa con el puente japonés, que Monet inmortalizó en muchos de sus cuadros. En la actualidad, los jardines se hallan divididos en dos por una carretera, pero ambas partes están unidas por un túnel.

Desde sus inicios como pintor, Monet prefirió el aire libre al trabajo en el estudio. Creía que en la pintura se debía «captar el momento», para lo cual debía trabajar deprisa. Esta técnica crea más una impresión del objeto que una descripción minuciosa del mismo, de ahí que a los seguidores de esta técnica se les llamara «impresionistas».

Un pintor junto al estanque de los nenúfares.

El estanque de los nenúfares.

Durante el tiempo en que Monet vivió en Giverny, recibió frecuentes visitas de pintores coetáneos, como Cézanne, Renoir, Matisse y Pizarro, algunos de los cuales alcanzaron la fama ya en vida. Resulta desconcertante imaginar tanto talento reunido en un lugar tan pequeño. Monet murió en Giverny en 1926 a la edad de 86 años.

ⓘ ···

Los jardines de Monet en Giverny se encuentran a 65 km al noroeste de París, cerca de la autopista A13. Vernon, a 8 km de la A13 y a 5 km de Giverny, es la ciudad más próxima, y ofrece buenos alojamientos y restaurantes. Los turistas tienden a concentrarse en los jardines hacia el mediodía, por lo que conviene llegar lo más temprano posible. Están abiertos toda la semana (con excepción de los lunes, cuando tan sólo se permite la entrada a unos pocos pintores previamente seleccionados), de 9.30 a 18.00 horas, de abril a noviembre. Los meses en los que la presencia de turistas es mayor son julio y agosto, cuando florecen los nenúfares. El alojamiento en el mismo Giverny es bastante limitado. En la página web www.giverny.org se ofrece información sobre alojamiento, transporte y épocas de floración.

El dormitorio de Monet.

Nenúfar.

Cálices de amapolas.

El cráter del Ngorongoro
Tanzania

Cebra común. *Página siguiente*: vista del fondo del cráter.

En el cráter del Ngorongoro, la sensación de estar aislado del mundo exterior es tal que lo que uno casi espera encontrarse en él son dinosaurios, y no tanto la abundante fauna salvaje que vaga por sus escarpadas y casi inaccesibles laderas de hasta 600 metros de altura.

En realidad, Ngorongoro no es un cráter sino una caldera que se formó cuando el volcán explotó hace varios millones de años. Cuando se contempla su interior desde el borde, parece como si estuviera completamente desierto y sus supuestas riquezas naturales fueran fruto de la imaginación. Pero los prismáticos no tardan en desmentir tal impersión. Y cuando uno se para a pensar que los puntos que se ven desplazarse como hormigas son en realidad manadas de búfalos del Cabo, posiblemente los animales más peligrosos de África, es entonces cuando se adquiere conciencia de la verdadera magnitud del cráter.

De hecho, Ngorongoro es tan grande que posee un clima propio. La niebla y las nubes cubren con frecuencia las laderas densamente pobla-

das de árboles, que a veces parecen desbordar el borde del cráter. En ocasiones, la niebla es tan densa que la llena por completo. En estas condiciones, la decisión de bajar caminando al fondo del cráter constituye un auténtico acto de fe. Por otra parte, las condiciones climáticas suelen estar muy localizadas, de manera que en un lado puede estar nublado e incluso llover mientras que en otro luce un espléndido sol.

Nubes sobre la ladera del cráter.

Pero a pesar de su belleza y majestuosidad, la atracción fundamental del Ngorongoro es sin duda su fauna salvaje. Las paredes del cráter son, al mismo tiempo, protección y prisión de una sorprendente cantidad de grandes especies animales. No en vano, su interior alberga la concentración más grande de rinocerontes negros de todo el continente africano. Resultan difíciles de ver en la estación seca ya que pasan la mayor parte del tiempo durmiendo tumbados entre las hierbas altas pero cuando la hierba es verde y corta se destacan imponentes entre ella, evocando tiempos pasados en los que estos animales paseaban sus resoplidos y mal humor por todo el continente.

Ngorongoro es también famoso por su población de leones, protagonistas de un sinfín de documentales televisivos, pero en los últimos tiempos ha entrado en decadencia debido a que el aislamiento del cráter no ha permitido la entrada de sangre fresca, tan necesaria para la reproducción.

En el centro del cráter se encuentra el gran lago Magadi de aguas carbónicas, en el que viven flamencos cuya población varía entre unos pocos

Búfalos pastando en el fondo del cráter.

Avestruz hembra en el fondo del cráter.

miles de ejemplares en algunos meses hasta cientos de miles en junio, cuando muchos regresan de su emigración al valle del Gran arrecife.

La mayor parte de la fauna africana se encuentra también en el cráter, con excepción de las jirafas, para las que las paredes son demasiado empinadas. La mayor parte de estos animales residen permanentemente en Ngorongoro, si bien se pueden ver con frecuencia elefantes y búfalos pastando en el borde superior, sobre todo por la noche.

Oficialmente el cráter abre sus puertas al amanecer. Los senderos del extremo norte son vertiginosos, por lo que se requiere el uso de vehículos con tracción en las cuatro ruedas. La pista sur, utilizada por el complejo

Panorámica desde el borde del cráter.

Búfalos.

turístico Sopa, es más plana y permite un acceso más rápido y seguro hasta la parte llana del cráter.

No es extraño encontrarse con un grupo de *morani* (guerreros) masai conduciendo su ganado al cráter. Aun cuando van sobre todo para sacarse algún dinero posando para los turistas, se les está permitido llevar a pastar a su ganado. Por sorprendente que pueda parecer a simple vista, la experiencia de sucesivas generaciones ha enseñado a los leones a temer a los masai, de manera que tienden a ocultarse cuando éstos llegan, para desesperación de los guías de los safaris fotográficos.

ⓘ ....

El cráter del Ngorongoro se encuentra a unas seis horas de viaje de Arusha, en el norte de Tanzania. Air Excel vuela a Arusha desde Dar es Salaam y Zanzíbar. Hay alojamientos en los complejos turísticos situados en los bordes del cráter. La mayor parte se encuentran en el lado norte, más frecuentado, pero el Sopa, que ofrece maravillosas vistas de la puesta del sol y utiliza la senda de acceso más segura, disfruta de un espléndido emplazamiento aislado en el lado sur. Se pueden contratar guías con Abercrombie & Kent, que es la agencia de viajes más antigua de África. Para conseguir una experiencia completa en los safaris, se pueden combinar Ngorongoro con el vecino parque nacional del lago Manyara o incluso el mundialmente famoso parque nacional del Serengeti.

Elefantes en el fondo del cráter.

Santorini
Grecia

Campanario de iglesia en Fira.

Iglesia con una típica cúpula azul en Oia.

Sentado en el tranquilo y amable pueblo de Oia, en la isla de Santorini (Thira en griego), disfrutando del momento en el que el sol se _hunde_ en el mar, es difícil imaginar la colosal erupción volcánica que asoló la isla hacia el año 1550 a.C.

Se cree que esta erupción volcánica devastó la desarrollada civilización minoica, que se estableció en la isla con anterioridad al 2000 a.C., y lo que llevó a muchos a identificar Santorini con la imaginada Atlántida perdida de Platón.

En la actualidad, la isla está formada por el cráter circular del volcán. Sin embargo, el círculo no es completo, sino que en un determinado punto queda sumergido bajo las aguas, dando lugar así a un puerto natural tan vasto que empequeñece a los ferrys y barcos de crucero que llegan y atracan en él.

En medio del cráter se encuentra una pequeña isla que es, en realidad, el centro del volcán. Esta isla puede visitarse en lancha e incluso pasear por su rocoso paisaje lunar y acercarse a la boca del volcán, aún humeante. Como en todos los volcanes activos, existe siempre el riesgo de

La ciudad de Fira colgada sobre los farallones.

erupción (la última tuvo lugar en los años veinte y un terremoto devastó la isla en 1956).

Las dentadas paredes del cráter se alzan 300 metros sobre el nivel del mar. Los farallones más altos se encuentran en Fira, la capital de Santorini, y en la vecina ciudad de Firostefani, que con el tiempo casi ha sido absorbida por la primera. Sorprendentemente, ambas se construyeron en el mismo borde del cráter y disfrutan de unas extraordinarias vistas sobre el mar al fondo.

Cada ciudad tiene su puerto al pie del farallón, al que se llega desde la cima por un zigzagueante sendero. Puesto que Fira cuenta con un moderno teleférico, sólo los turistas suben a pie. Si no se quiere caminar, se puede alquilar un burro a uno de los irascibles ancianos que se pasan el día subiendo y bajando la ladera. Cuando llega el anochecer, los burros arrancan desde Fira al galope de regreso a casa, y tenga en cuenta que no siempre es fácil mantener el equilibrio.

Santorini es famosa por sus fotogénicas iglesias de blancas paredes y cúpulas azules, que contrastan con las aguas de color azul oscuro del mar

Egeo. De hecho, hay tantas iglesias en la isla que uno se pregunta quién va a cada una de ellas y si es que existe alguna rivalidad que impida a todos los isleños asistir a una sola.

Muchas de las iglesias están todavía en servicio y es fácil ver sacerdotes de barba gris totalmente vestidos de negro, de iglesia en iglesia.

Como tantos otros lugares del mundo, Santorini se ha rendido por completo al negocio turístico y la mayor parte de las casas de pescadores se han reconvertido en hoteles, restaurantes o pensiones. A pesar de ello, la isla conserva gran parte de su carácter original. De hecho, en Oia hay todavía muchos isleños que viven allí, y en las afueras se conservan cabañas con pequeños patios delanteros en los que se pueden ver tiestos de flores colgantes, redes de pesca a la espera de ser reparadas y perezosos gatos adormilados en la entrada de sus casas blanquiazules.

Cruz que corona una iglesia en Fira.

Capilla de Firostefani.

SANTORINI

ⓘ ··

A Santorini se llega fácilmente desde Atenas en ferry o bien en un vuelo de Olympic
Airways. Durante la temporada estival hay también vuelos directos desde varias ciudades europeas. Puede ser difícil encontrar alojamiento durante la temporada alta,
por lo que es conveniente reservar con antelación. Uno de los mejores hoteles con vistas sobre el cráter es el Santorini Palace. Los servicios públicos de autobús en la isla
son escasos, pero abundan los taxis y se puede alquilar un coche. La mayor parte de
las playas están en las afueras de las ciudades más importantes y, aunque sus arenas
volcánicas son negras, constituyen un lugar ideal para pasar el día.

Casas típicas de Oia.

Iglesia con la típica cúpula azul en Oía.

Colinas de la zona del Castillo del Gigante.

Salida del sol cerca de la Catedral.

En el borde de los farallones del anfiteatro, de 850 metros de altura, del parque de uKhahlamba-Drakensberg, uno adquiere conciencia de la propia pequeñez. Forman una maciza herradura rocosa que con frecuencia queda oculta tras unas nubes en continua transformación. En ocasiones llegan incluso a ocultar por completo todo el horizonte, creando así la impresión de que lo que se veía segundos antes no era más que un espejismo.

Las laderas del anfiteatro, que caen verticalmente sobre un valle verde, ofrecen una espléndida panorámica de la formación rocosa de los Dientes del Diablo. Parte del sendero sobre el borde superior del anfiteatro concluye al «velo nupcial» de las cataratas de Tugela, cuyas aguas, tras salvar un desnivel de 850 metros, dan lugar al nacimiento del río Tugela.

Drakensberg significa «montaña del dragón», en afrikaans y uKhahlamba quiere decir en zulú «barrera de lanzas», ambos nombres muy adecuados para estas montañas de 320 km, cuyo borde rocoso y áspero constituye la frontera entre Lesotho y Sudáfrica.

La cima está coronada por un altiplano. En Lesotho, «el reino del cielo» constituye un frágil y único hábitat de fauna salvaje y numerosas especies de plantas raras. En este bello paisaje alpino, de arroyos de montaña y lozanos prados, se encuentran pequeñas flores silvestres adaptadas a un clima que puede cambiar en pocos minutos, de tranquilo y claro a frío y tormentoso. De hecho, la gran altitud de la altiplanicie implica que la temperatura en ella sea muy baja mientras que en las tierras bajas del parque lo normal es que luzca el sol y haga calor.

El mejor modo de llegar al altiplano es a través del parque nacional de las Golden Gate Highlands, dentro del área de Drakensberg. Desde allí hay dos vías de acceso a lo alto: subir por una empinada senda, trayecto que requiere unas dos o tres horas, o subir por una especial escalera de cadenas. Sea cual sea el camino elegido, es recomendable partir muy temprano ya que, con frecuencia, al avanzar la mañana cae la niebla y reduce notablemente la visibilidad.

Vista de los Dientes del Diablo desde el parque nacional de las Golden Gate Highlands.

Colinas de la zona del Castillo del Gigante salpicadas de sombras.

Ocultas en numerosas cuevas de la zona de Drakensberg se encuentran algunas de las mejores muestras de arte rupestre de África. Sólo en el propio Drakensberg hay cientos de localizaciones con miles de pinturas. Los autores de las mismas pertenecían a los san, un pueblo que antaño ocupó gran parte del sur de África, pero que en la actualidad se halla recluido a unos pocos rincones alrededor del desierto de Kalahari, en Botswana. Son de baja estatura y con frecuencia se les denomina, erróneamente, como los bosquimanos del Kalahari. Sus pinturas rupestres, que se encuentran en refugios y voladizos, tratan sobre la vida e historia de los san, pero se piensa que tienen un significado espiritual, como puertas de entrada al mundo de los espíritus. Las pinturas más antiguas tienen unos 25.000 años y las más recientes son de hace unos dos siglos. Los pigmentos se obtuvieron moliendo óxido de hierro para los rojos y amarillos, óxido de manganeso o huesos calcinados para el negro, y arcilla fina para el blanco.

Son muchas las zonas del parque que merece la pena visitar así como también la Catedral y el Castillo del Gigante; para llegar a este último hay que realizar una excursión a pie de unos cinco días por los farallones, o bien un trayecto en coche, de un día.

ⓘ ....

Drakensberg se encuentra a dos horas de viaje en automóvil de Pietermaritzburg, así como a cinco horas de Johannesburgo, en un viaje con vistas panorámicas. Los diversos lugares y complejos turísticos situados a lo largo de los farallones están relativamente cerca los unos de los otros, pero es conveniente usar las carreteras principales (no es recomendable usar caminos más directos, pues son difíciles, apenas transita nadie por ellos y carecen de servicios). Los parques están administrados por KwaZulu-Natal Wildlife, que gestiona además una serie de complejos turísticos y campamentos, desde los que se llega fácilmente a las diferentes regiones del parque. Para llegar a la cima del uKhahlamba hay que hacer una penosa ascensión desde el parque nacional de las Golden Gate Highlands. Conviene partir muy temprano para evitar las nieblas de última hora de la mañana.

Vista de los Dientes del Diablo desde el parque nacional de las Golden Gate Highlands.

Panorámica desde la formación del Castillo del Gigante, que se ve al fondo a la izquierda.

Pinturas rupestres de los san en Main Caves, Castillo del Gigante.

Tradicionales *dhows* árabes.

Zanzíbar
Tanzania

Edificios en el muelle.

Zanzíbar. Ya sólo su mismo nombre resulta exótico y evoca imágenes de sultanes y exploradores, así como de los *dhows* (tradicionales barcas árabes de madera) cargados con aromáticas especias.

Cuando se llega en barco desde Dar es Salaam, la vista que se tiene de los muelles de Zanzíbar es muy semejante a la que debieron de tener los exploradores británicos de época victoriana que utilizaron la isla como punto de partida para sus expediciones al interior del continente africano. (David Livingstone, que descubrió las cataratas Victoria, partió de este lugar, al igual que Henry Morton Stanley, el periodista que fue enviado en su búsqueda).

Justo en el centro del muelle se encuentra el palacio del sultán. Se construyó en el siglo XIX y se le bautizó como la Casa de las Maravillas, ya que disponía de electricidad y tuvo el primer ascensor de toda África oriental. Tras muchos años de abandono, ha sido restaurada recientemente y en la actualidad aloja un bonito museo.

Portón de madera tallada en Zanzíbar.

Zanzíbar tiene una historia rebosante de colorido. Los sultanes omaníes gobernaron desde la isla gran parte de la costa swahili y establecieron las rutas comerciales que todavía conducen a Oriente Medio. Entró en crisis durante los tiempos del imperio británico y la sangrienta revolución de 1956 supuso el punto final a tan dilatada y próspera tradición.

La larga historia de Zanzíbar tiene también su lado oscuro. Durante los siglos XVIII y XIX fue la base del comercio de esclavos africanos, traídos desde el interior por mercaderes árabes que solían proveerse de los prisioneros de tribus enfrentadas. Los esclavos se vendían a los traficantes europeos y americanos, quienes los enviaban en condiciones deplorables al continente americano.

Todavía se pueden visitar los antiguos recintos donde se confinaban a los esclavos, pero en la ubicación original del mercado se erigió una catedral anglicana. El altar se encuentra justo donde estaba colocado el poste en el que se ataba a los esclavos para azotarlos, y la cruz junto a él se hizo con madera del árbol bajo el que murió Livingstone. Éste fue toda su vida un incansable luchador en pro de la abolición de la esclavitud, comercio que sin embargo continuó de forma ilegal bastante tiempo después de haberse prohibido.

Muelles de Zanzíbar, con la Casa de las Maravillas.

Catedral católica de San José, construida por los franceses en 1898.

Puerto de los *dhows*.

Puestos callejeros de comida en los jardines de Jamituri.

El corazón de la ciudad de Zanzíbar, construida totalmente de piedra, es una maraña de estrechas calles sinuosas que parecen conducir a todas partes y a ninguna. Conviene prestar atención a los portones de madera tallada, muchos de los cuales son de la época de los sultanes, y que tenían por objeto exhibir y proteger al mismo tiempo la riqueza de los propietarios de las casas.

Por la mañana temprano, cuando todavía están cerradas las tiendas para turistas, la vida parece discurrir por los mismos cauces que lo ha hecho en los últimos siglos.

Por dondequiera que se va se escuchan gritos de *jambo* (hola) y *karibu* (bienvenido). Si se visita el viejo puerto de los *dhows*, se puede ver a los pescadores regateando con los lugareños el precio de sus capturas. También se puede observar de cerca los espléndidos veleros de madera, con clavijas del mismo material, que llevan utilizándose en la costa swahili desde que se instalaron los árabes procedentes de Omán. Aun cuando todavía se utilizan para el transporte de mercaderías entre el África oriental y Oriente Medio, están desapareciendo rápidamente.

En la ciudad hay bastantes restaurantes de excelente calidad, pero el mejor lugar para comer es en los muelles de los jardines Jamituri. Desde la puesta del sol, los lugareños montan tenderetes al aire libre en los que preparan el pescado fresco traído esa misma mañana.

Zanzíbar se encuentra frente a la costa de Tanzania, a pocas horas de viaje en ferry desde Dar es Salaam. Hay varias salidas por la mañana, con regreso a media tarde. Hay carteles informativos en el muelle del ferry, pero para evitar sorpresas conviene comprar los billetes directamente en las oficinas. Como alternativa, hay vuelos de Air Excel desde Dar es Salaam y Zanzíbar, y, ocasionalmente, desde Zanzíbar a Arusha. A pesar de que Dodoma es la nueva capital oficial de Tanzania, muchos vuelos llegan a Dar es Salaam. En Zanzíbar hay una gran oferta de alojamiento, de entre el que destacan el Serena y el Tembo House. En las costas norte y este de Zanzíbar hay numerosas playas de gran belleza, con alojamientos que van desde las simples cabañas de playa a complejos turísticos de lujo.

Makalu

Himalaya, Nepal

En la cordillera del Himalaya, entre imponentes picos salpicados de glaciares, el Makalu es la quinta montaña más alta del mundo. Aunque es menos conocida que otras de la región, en especial el Everest y el Annapurna, el Makalu es posiblemente el que ofrece unas panorámicas más sorprendentes. Situado en el remoto parque nacional de Makalu Barun, tiene además la ventaja de hallarse alejado de los actuales focos de inestabilidad política.

Como otros muchos picos del Himalaya, a Makalu se le consideró una montaña sagrada. Parece que su nombre procede del nombre sánscrito Mahakala, la personificación de la muerte y el renacimiento, lo que para los budistas tibetanos representa el poder de la protección de Buda. Se cree que la montaña es el reino de Mahakala.

Las dimensiones del Himalaya son impresionantes y dificilmente puede uno mentalizarse para percibir toda su inmensidad y belleza. Pero no se trata de una belleza estática: en ocasiones se pueden oír avalanchas

Vista del Everest desde los glaciares al pie del Makalu.

Página siguiente. Panorámica de un lago en el camino a Makalu.

Camino a través de una granja cerca del valle del río Arun.

que rugen como atronadores trenes a lo largo del día y es como si las montañas cambiaran de forma, color y talante al son de la luz y las nubes. Se pueden pasar horas sentado, contemplando absorto estas transformaciones. A veces, la luz dorada del atardecer ilumina grandes zonas en tanto que crea grandes sombras en los valles y las grietas de los glaciares. En otras, grandes grupos de montañas adquieren un color azul o quedan del todo oscurecidas bajo remolinos de nubes.

El aire es tan transparente en estas altitudes que siempre resulta visible el perfil de los picos recubiertos de nieve y casi es posible leer a la luz de las innumerables estrellas que llenan el cielo.

Se necesita tiempo y esfuerzo para visitar el bello y remoto Makalu, ya que la senda no es sencilla y requiere nueve días desde la pista de aterrizaje de Tumlingtar. La mayor parte del camino se encuentra a gran altitud, lo que resta fuerzas hasta que uno logra aclimatarse.

La senda atraviesa numerosos pasos, granjas de fértiles prados y muchas colinas con terrazas escalonadas. Las *khambas* (granjas) que se encuentran a pocas horas del campamento base nos recuerdan que todavía

Cima del Makalu.

La montaña vista desde el campamento base del Makalu.

Lago de alta montaña en el camino a Makalu.

Cima del Makalu.

hay gente viviendo en este difícil entorno, lo que resulta aún más sorprendente al padecer los continuos aguaceros que dejan el camino lleno de sanguijuelas. Sin embargo, a lo largo de estas antiguas y transitadas rutas se encuentran casas de té, donde es fácil conversar con los granjeros y porteadores frente a una refrescante taza de *chai* (té).

Desde la región de Makalu se pueden ver cuatro de las cinco montañas más altas del mundo: el Everest (8.848 metros), el Kangchenjunga (8.586 metros), el Lhotse (8.516 metros) y, naturalmente, el mismo Makalu (8.463 metros). La segunda cumbre más alta es la del K2, en la frontera paquistaní.

Si se tiene energía suficiente, se puede caminar hasta el campamento base del Everest situado al oeste de Makalu. También se puede seguir la

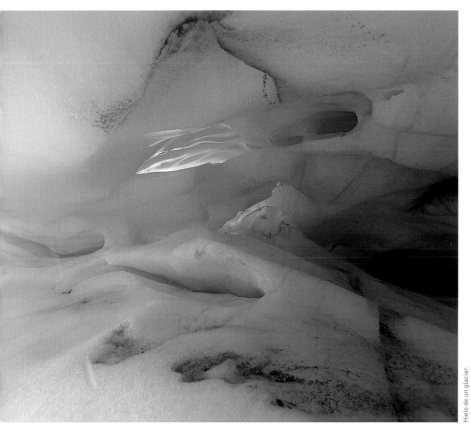

Hielo de un glaciar.

Vista de los glaciares al pie del Makalu.

ruta estándar de regreso del Everest hasta Lukla y después volar de vuelta a Katmandú. Aun cuando sigue una senda mucho más trillada que la ruta directa de Makalu y priva del placer de la soledad, al menos evita volver por el mismo camino de ida.

ⓘ ···

El trayecto hasta Makalu arranca de la pista de aterrizaje de Tumlingtar, al que se accede desde Katmandú, la capital nepalesa. Desde aquí se inicia un duro viaje por la montaña de nueve días de duración y, naturalmente, otros nueve del regreso. Si no se es un excursionista experto, es conveniente dejar la organización en manos de una agencia local de excursiones en Katmandú y contratar los servicios de un guía. En los últimos años Nepal está sufriendo los ataques de la guerrilla maoísta, por lo que es necesario informarse previamente de la situación antes de emprender el viaje. La mejor época para hacerlo es abril y mayo, o bien finales de septiembre y octubre.

Sacerdote mostrando una antigua Biblia en el exterior del monasterio de Asheton Maryam.

Las iglesias excavadas en la roca de Lalibela, en las remotas tierras altas de Etiopía, se hallan envueltas en el misterio y la leyenda. Hay quien opina que fueron construidas por los cruzados a su regreso de Tierra Santa, pero los etíopes sostienen que fueron erigidas por el rey Lalibela con ayuda de los ángeles, hace más de mil años.

La más impresionante de las iglesias es la de Bet Giorgis, la Casa de San Jorge, dedicada al patrón de Etiopía. Excavada en la roca, con su planta en forma de cruz, esta iglesia es una maravilla arquitectónica. Los constructores tuvieron que excavar en primer lugar el patio de seis metros de profundidad con el fin de preparar el «exterior» del edificio y, a continuación, las puertas y ventanas para, por último, vaciar el interior rocoso. El esfuerzo y la precisión necesarios resultan casi inconcebibles, tanto más si se tiene en cuenta que todo este trabajo se realizó a mano.

Hay en total 11 iglesias, de entre las que destaca Bet Medhane Alem la Casa de Emmanuel, que con sus 800 m² es la mayor estructura excavada

Bet Giorgis.

en roca del mundo. Su enorme masa se sustenta en un total de 72 pilares, la mitad en el interior y la otra mitad en el exterior.

Estas iglesias tendrían ya de por sí un enorme poder evocador aunque se hubieran visto reducidas a meras ruinas abandonadas, pero lo extraordinario del caso es que todavía están es uso y cada una de ellas tiene su sacerdote residente quien, a poco que se le diga, no duda en mostrar orgulloso el tesoro de su iglesia. Éste puede ser una antigua Biblia de quizá 700 años de antigüedad, escrita en ge'ez, (un antiguo lenguaje religioso) sobre pergamino de piel de cabra. Lo más frecuente, no obstante, es que el sacerdote muestre el crucifijo de la iglesia; algunos de ellos, de formas intrincadas, se remontan a tiempos del mismo rey Lalibela.

Vista sobre el patio alrededor de Bet Giorgis.

Bet Giorgis.

Peregrino leyendo una antigua Biblia.

De toda Etiopía acuden peregrinos a Lalibela para rezar en sus iglesias. Sentados en la proximidad de las mismas, se pueden ver también ascetas leyendo raídas biblias.

El 19 de enero se celebra en Lalibela la Epifanía, una fiesta impresionante, llena de colorido, en la que se sacan de las iglesias los santos *tabots* (que según se cree son reproducciones del arca de la Alianza) y se llevan en procesión por toda la ciudad.

La religión oficial de Lalibela es el cristianismo ortodoxo etíope, que se remonta al siglo IV. Según parece, fue el pueblo mismo quien eligió libremente esta religión, no como en el resto de África, donde la cristianización fue consecuencia de la intensa labor misionera, llevada a cabo muchos siglos más tarde.

Aunque en el mundo occidental Etiopía es sinónimo de hambruna y desastres, rebosa de historia. Se cree que la reina de Saba era originaria de la ciudad norteña de Aksum, que por entonces era el centro de una civilización grande y poderosa. Fue precisamente la caída del imperio aksumita lo que obligó al rey Lalibela a escapar al sur, donde fundó una nueva capital, en la que construyó sus célebres iglesias.

Muchos etíopes creen que Haile Selassie, emperador de Etiopía de 1930 a 1974, descendía directamente del hijo ilegítimo del rey Salomón y

Peregrino rezando en el exterior de Bet Medhane Alem (la Casa de Emmanuel).

de la reina de Saba, de quien se dice que llevó el Arca de la Alianza a Etiopía, en concreto a Aksum.

Vale la pena hacer una excursión desde Lalibela al monasterio de Asheton Maryam, también excavado en la roca y situado en una planicie desolada y barrida por el viento a unas dos horas de Lalibela. En él se puede admirar una fascinante colección de pinturas y reliquias, así como tomar conciencia de las duras condiciones en que viven muchos de los nativos.

ⓘ ....

Ethiopian Airlines tiene vuelos desde varias capitales de todo el mundo a Addis Abeba, así como vuelos domésticos a Lalibela, (la alternativa son dos días de duro viaje en coche). También es posible comprar un billete para la llamada «ruta histórica» que recorre Aksum, Bahar Dar, Gonder y Lalibela. El alojamiento en Lalibela es sencillo. Uno de los mejores hoteles es el Roha, que pertenece a la cadena estatal Ghion; es necesario reservar con antelación, especialmente durante las celebraciones del Timkat. La entrada cuesta unos 12 € y permite el acceso a todos los lugares; es válido durante toda la estancia. Conviene contratar un guía local, sobre todo para poder conversar con los sacerdotes. La mayor parte de los hoteles disponen de guías, pero conviene comprobar que tengan un nivel mínimo de inglés.

Peregrino en Lalibela.

Pinturas en el interior de una de las iglesias de Lalibela.

Sacerdote de Bet Giorgis.

Machu Picchu con el Huayna Picchu al fondo.

Las ruinas vistas desde la cima del Machu Picchu.

Cuanto más se conoce Machu Picchu, tanto mayor es la admiración que uno siente por él. La ciudad perdida de los incas está construida en plena cordillera, en una hondonada en forma de silla de montar, entre dos picos imponentes. A ambos lados, los precipicios caen casi verticalmente hacia un gran recodo del río Urubamba. ¿Qué llevó a los incas a emprender semejante reto arquitectónico en este remoto rincón de la cordillera andina?

Machu Picchu fue construido hace más de setecientos años y permaneció oculto por la selva desde el siglo XVI hasta su redescubrimiento en 1911. Se encuentran en él cerca de doscientos edificios, entre ellos diversos palacios y templos, una plaza central y un palacio real, todo ello rodeado de terrazas para cultivos.

La piedra para los edificios se extrajo de una cantera y se le dio forma utilizando herramientas de bronce, alisando después los bloques con arena para que encajaran entre sí. No se utilizó ningún tipo de mortero o cemento, y a pesar de los siglos transcurridos la precisión de los sillares es

asombrosa. En muchos casos, las juntas entre los mismos son tan estrechas que sería imposible introducir en ellas una hoja de papel.

En Machu Picchu es notable la habilidad para incorporar al diseño del conjunto algunas estructuras rocosas existentes. Resulta remarcable la maestría de los artesanos responsables de la construcción de los edificios sagrados.

Para obtener las vistas panorámicas más espectaculares, merece la pena escalar la montaña situada tras Machu Picchu, el Wayna Picchu. Una alternativa es subir a la cima del pico de Machu Picchu, menos frecuentada, cuando se refleja en ella los primeros rayos del sol. Ambas montañas dominan el conjunto hasta el río, en el fondo, lo que permite disfrutar de una visión completa de este hito de la arquitectura inca.

Tumba real bajo el Templo del Sol.

Doble puerta de entrada.

Amanecer en Machu Picchu.

Los incas adoraban a Inti, el dios del Sol, por lo que el día más importante de su calendario era el del solsticio de verano y el edificio más importante, el Templo del Sol. En realidad, todos sus templos y recintos sagrados responden a determinados eventos solares y astronómicos. Una piedra llamada Intihuatana («el poste del sol») es el centro neurálgico de todos los recintos religiosos y en él tenían lugar importantes ritos días antes del solsticio de invierno. Estas piedras fueron dañadas o destruidas por los conquistadores españoles. La de Machu Picchu se conservó debido a que nuncan supieron de la existencia de este lugar.

Se cree que en Machu Picchu vivían más de mil personas y al estar bastante alejado de otros centros de población les era necesario producir gran parte de sus propios alimentos. Para ello crearon intrincadas terrazas de cultivo, que han llegado prácticamente intactas hasta nuestros días gracias al cuidado y la destreza con que fueron construidas. Se cultivaba maíz y patatas y se utilizaron avanzadas técnicas de irrigación para evitar que el agua de la lluvia fluyera directamente montaña abajo hasta al río Urubamba.

Nadie sabe exactamente la razón de la existencia de Machu Picchu. Hay quien opina que fue un lugar de retiro real o religioso para alguno de los go-

Casas junto al Templo del Sol.

Terrazas bajo el Intihuatana.

bernantes incas. Su remota localización, a casi 2.500 metros, descarta cualquier posible función comercial o militar. Independientemente de cuál fuera su uso, el ingente esfuerzo que implicó su construcción sugiere en todo caso que se trató de un lugar con un especial significado para los incas.

ⓘ ....

Todos los viajes a Machu Picchu empiezan y acaban en Cuzco. El viaje en tren desde Cuzco a Aguas Calientes, que es el pueblo situado en el valle del río bajo las ruinas, dura 4 horas. Hay un servicio de autobuses entre el pueblo y las ruinas que funcionan desde las 6.00 hasta las 17.30 horas. Los trenes procedentes de Cuzco llegan a media mañana y regresan a última hora de la tarde, de modo que las horas en que las ruinas están menos frecuentadas son a primera hora y a última del día. Los más intrépidos y en buenas condiciones físicas pueden hacer el recorrido de tres días por la llamada Senda Inca que lleva hasta Machu Picchu. Los alojamientos abundan en Aguas calientes. Sin embargo, el mejor lugar por su proximidad y fácil acceso a las ruinas es el Machu Picchu Sanctuary Lodge, perteneciente a la cadena Orient Express; es el único junto a las ruinas y la estancia en él constituye una experiencia única.

Uluru
Australia

Uluru durante la puesta del sol (el parque nacional de Uluru-Kata Tjuta ha sido declarado Patrimonio de la Humanidad).

Se mire desde donde se mire, Uluru (también conocido como Ayers Rock) domina el paisaje circundante. Visto en la distancia, es lo único que rompe el llano paisaje hasta el horizonte, pero al acercarse, como por ejemplo cuando se avanza por la carretera que conduce al centro cultural, va llenando el campo de visión hasta ocuparlo totalmente.

Uluru es el monolito más grande del mundo. Es de piedra arenisca, que normalmente es gris, pero que en este caso se ha vuelto roja por un efecto de oxidación.

A medida que uno se aproxima a Uluru, su imponente masa comienza a revelar una infinidad de detalles. Siguiendo la senda que bordea la base se pueden ver las estrías dejadas por las cascadas que se forman durante

Ladera occidental de Uluru.

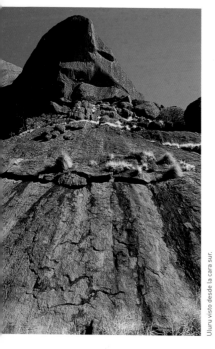

las lluvias torrenciales que, a pesar de lo que se pueda pensar a la vista del reseco paisaje, se presentan con bastante frecuencia. Por todas partes hay cuevas y hendiduras, muchas de las cuales forman parte de los mitos de la creación de los aborígenes, y hay marcas de muy variados tipos.

Los anangu (pueblo aborigen) son los propietarios tradicionales de Uluru, para los que posee un gran significado cultural. Dos de las sendas de la roca señalan el tradicional respeto de los aborígenes por la naturaleza y pasan por lugares que ellos consideran sagrados.

La senda Mutitjulu lleva hasta el pozo del mismo nombre a través de una zona que antaño estuvo habitada por los aborígenes durante miles de años. Se dice que muchos de los detalles que se encuentran en este camino tienen origen en la lucha que mantuvieron dos ancestrales serpientes: Kuniya y Liru.

La senda Mala conduce a través de algunos de los lugares en los que los mala (pueblo que toma su nombre de una especie de liebre marsupial) celebraban una ceremonia religiosa (Inma) en la que los hombres subían a la cima de la roca. Hubo un tiempo en que era obligado para los turistas seguir esta senda hasta la cima. Aunque muchos lo hacen todavía, se

La cara sur de Uluru cerca de la senda Mutitjulu.

aconseja no hacerlo ya que ello constituye una ofensa para los anangu. No está expresamente prohibido, pero estos últimos invitan a no hacerlo.

La búsqueda del equilibrio entre las necesidades de los anangu y los deseos de los turistas es una muestra más de las dificultades para lograr la coexistencia entre una cultura que reverencia cada detalle del entorno y otra a la que parece que nada le importa.

A unos 45 km de Uluru se encuentran los redondeados picos de Kata Tjuta, también conocidos como los Olgas. Algunos son más altos que Uluru y son también sagrados para los anangu. Lo mismo que Uluru, son espectaculares al amanecer y al ocaso, y vale la pena dedicar un día para explorarlos y llegar al sagrado valle de los Vientos.

Las fotografías de este libro se han tomado observando estrictamente las reglas que rigen para la fotografía comercial en el parque nacional de Uluru-Kata Tjuta... y que tienen como finalidad impedir la publicación de imágenes de los lugares sagrados, lo que constituiría una ofensa para los anangu. Esto presenta el inconveniente de no poder fotografiar casi la mitad de la zona y con ello la vista de Uluru al amanecer, cuando éste adquiere un color naranja resplandeciente, fenómeno que de por sí ya justifica el viaje.

Uluru visto desde Kata Tjuta.

Kata Tjuta (el parque nacional de Uluru-Kata Tjuta ha sido declarado Patrimonio de la Humanidad).

El aeropuerto de Connellan se encuentra a pocos kilómetros del poblado de Yulara (Ayers Rock Resort). La única línea aérea que vuela a este lugar es Qantas y conviene reservar con suficiente antelación para conseguir precios razonables. Hay viajes organizados por el parque, no obstante el alquiler de un coche en el aeropuerto es mucho más caro, incluso para una sola persona, por lo que también se debe hacer la reserva con tiempo. En Yulara hay diversos tipos de alojamiento, desde campamentos al nuevo complejo de lujo Longitude 131°, y en el pueblo hay comercios y restaurantes. Como todo pertenece a una misma empresa, no cabe esperar competencia de precios entre los diferentes locales. La entrada al parque tiene una validez de tres días.

Uluru al atardecer.

La silueta de Uluru al ocaso.

Los *ghats*
Varanasi, India

**Varanasi (antaño Benarés), que se considera la ciudad habitada más anti-
gua del mundo, con más de 4.000 años de historia, es también uno de los lugares más santos del hinduismo, hasta el punto de que sus fieles creen que
basta morir allí para liberarse del ciclo sin fin de las reencarnaciones.**

El nombre original hindú de Varanasi es Kashi («ciudad de la luz») y lo
cierto es que la luz aquí es verdaderamente espectacular. Es uno de los
pocos lugares del mundo donde su claridad y textura ha inspirado a un sin
fin de artistas. Cuando mejor se aprecia es al amanecer, momento en que
los fieles bajan a bañarse en el sagrado río Ganges.

Todo el laberíntico entramado de callejas de la ciudad vieja, Godaulia,
parece conducir al Ganges. En la orilla se encuentran los *ghats*, unas escalinatas de piedra que descienden hacia el río. Muchos de ellos datan de

Peregrinos bañándose en el Ganges, en el *ghat* de Dasasvamedha.

hace varios siglos y algunos fueron construidos por los marajás cuyos palacios están situados frente a ellos.

Los *ghats* rebosan de vida: hay tenderetes en los que se vende desde hortalizas a iconos religiosos, *pandas* (sacerdotes peregrinos) que predican a la multitud, barberos que afeitan las cabezas de los peregrinos y personas en duelo, *shadus* (santones) que meditan y practican yoga, dueños de barcas en que busca de clientes, *dhabi-wallahs* (lavanderos) que golpean la ropa contra los escalones y niños que juegan con entusiasmo al crícket. Ríos de peregrinos de toda la India atraviesan este caótico tumulto para bañarse en el río con la creencia de que al hacerlo se libran de sus pecados.

La mejor manera de observar el ritual del baño es remontar el Ganges en un bote de remos. Para ello hay que regatear el precio con el dueño del mismo la víspera, por lo que es conveniente informarse en el hotel

Peregrinos bañándose en el Ganges.

sobre cuál es la tarifa más o menos correcta; hay que precisar si el precio es por persona o por el bote, (lo mejor es pedir que le den la información por escrito para evitar las discusiones de siempre).

A la mañana siguiente, camino del río en la fría luz del amanecer, trastabillando por las callejas de la ciudad vieja y abriéndose paso entre las vacas sagradas que se pasean libremente, es difícil imaginarse que éste sea el camino del paraíso. Sin embargo, en el momento en el que el bote se desliza por el Ganges y el sol que se alza sobre la ribera opuesta disipa la fría niebla y baña los *ghats* con su luz dorada, se olvidan todas las incomodidades.

Los hindúes intentan visitar Varanasi al menos una vez en su vida y para que el peregrinaje sea completo deben bañarse en cinco *ghats* diferentes. El hinduismo es una religión plena de alegría y, aunque el baño tiene un significado espiritual, los bañistas ríen, se salpican y se empujan al agua unos a otros.

El recorrido por el río dura unas cuatro horas, durante las cuales se lucha contra la corriente y se hacen paradas para observar a los peregrinos y los santones. Vale la pena pedir al dueño del bote que desembarque en el *ghat* de Manikarnika y regresar caminando por la orilla hasta el *ghat* de Dasasvamedha, desde el que inician la travesía casi todos los botes.

Manikarnika es un *ghat* reservado para las cremaciones (ser incinerado en Varanasi es otra de las maneras de asegurarse la salvación, por lo que muchas familias hindúes recorren grandes distancias para cumplir con el ritual en este lugar). Los cuerpos son traídos desde muy lejos, a veces en la baca de los autobuses, para ser cremados aquí. Una vez en Varanasi se conducen hasta el *ghat Ram Nam Satya Hai* («el nombre de dios es verdad»). Tras levantar una pira de madera, se rezan unas oraciones, se quema el cuerpo y por último se vierten las cenizas a las aguas del Ganges.

Remando en el Ganges.

Tenderete de joyería en la calle que conduce al *ghat* del Dasasvamehda.

(i) ....

A Varanasi se llega fácilmente en vuelos que parten de Nueva Delhi o Kolkata (la antigua Calcuta). También hay confortables trenes expresos, aunque vale la pena vivir la experiencia de tomar por lo menos una vez uno de los antiguos trenes al viejo estilo indio. El tema del alojamiento plantea el dilema entre calidad y situación: los hoteles cerca de los *ghats* son baratos pero burdos, mientras que los de mejor calidad, y por consiguiente más caros, suelen encontrarse en la parte nueva de la ciudad. Como muchas otras cosas en la India, el contraste entre ambos extremos es enorme. Los mejores hoteles organizan visitas guiadas de un día a Sarnath, que se encuentra a una hora de viaje de Varanasi, lugar en el que Buda pronunció su primer sermón.

Santón bajando los escalones del *ghat* de Bhairavi.

Isla Heron

La Gran Barrera de arrecifes de coral, Australia

La Gran Barrera de arrecifes de coral es, como su nombre indica, una serie de arrecifes e islas entrelazados que se extienden a lo largo de más de 2.000 km junto a las costas de Queensland, Australia. Es el conjunto de arrecifes coralinos más grande del mundo y la mayor estructura compuesta de seres vivos, en este caso unos pequeños zoófitos coralígenos.

Situado a una distancia que oscila entre 50 y 300 km de la costa, la Gran Barrera abarca más de 2.500 arrecifes individuales (franjas de roca o coral) y 600 islas, de las que básicamente hay tres tipos: islas continentales

Vista aérea de la isla Heron.

(hileras de picos de montañas sumergidas), islas de arena y cayos de coral. Muchas de ellas cuentan con arrecifes de coral en sus proximidades e incluso pequeños arrecifes a su alrededor, pero la isla Heron y la vecina isla Wilson resultan únicas en tanto que son verdaderos cayos coralinos, en los que hay alojamientos, y que forman parte del arrecife. Esto significa que se puede nadar desde sus playas para bucear en superficie o practicar submarinismo en la misma Gran Barrera.

Se dice que los alrededores de la isla Heron es uno de los mejores lugares del mundo para practicar el submarinismo y atrae a aficionados de

ISLA HERON

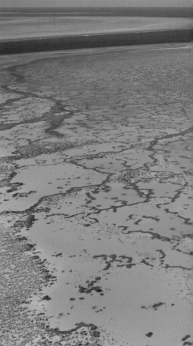

La isla Wilson bordeada de arrecifes.

todo el mundo. La isla está gestionada por el Heron Island Resort, que ofrece alojamientos y todo tipo de actividades bajo el mar. La isla Wilson, a su vez, también está administrada por Heron y no se permite en ella la presencia de más de diez personas a la vez. Los visitantes con fines científicos pueden alojarse en el centro de investigación de la isla Heron.

Al nivel de suelo el arrecife no tiene nada de excepcional. El mar posee un espléndido color azul y las playas de arena son de un blanco cremoso, pero poco más hay que ver si no es desde un nivel más alto o bien bajo el mar. De hecho, es desde el aire desde donde se perciben las dimensiones y el colorido de la Gran Barrera. Entre las aguas de un color turquesa purísimo se suceden los arrecifes hasta donde alcanza la vista, y a su alrededor se ven pequeños cayos coralinos de bordes blancos.

Bucear, sea en superficie o en profundidad, constituye realmente una experiencia mágica y única. Es como llegar a un mundo nuevo en el que la vista es el único sentido necesario y la gravedad carece de importancia.

La Gran Barrera en los alrededores de la isla Heron.

Corales bajo el agua.

Para ver los colores claramente, es necesario bucear a poca profundidad, ya que las aguas profundas filtran la mayor parte de las longitudes de onda de los rojos y verdes y todo se ve de un azul oscuro.

En los corales tienen su hábitat una gran variedad de formas de vida. Los peces multicolores pasan a gran velocidad, en tanto que verdes tortugas y los careyes se toman las cosas con más tranquilidad. En la parte norte de la isla Heron, conocida con el apropiado nombre de Bahía de los tiburones, se puede vivir la experiencia de bucear entre los pequeños y relativamente amistosos tiburones de arrecife.

Si no le gusta mojarse, el Heron Island Resort dispone de un semisubmarino, de hecho un cruce de barco y submarino, en el que se pueden contemplar las maravillas de este mundo submarino cómodamente sentado.

No siempre es necesario sumergirse en el agua para contemplar fauna salvaje marina. Volviendo en bote desde la isla Wilson me crucé con una manada de ballenas jorobadas pleno viaje migratorio. La época en la

que hay mayores probabilidades de encontrarse con ballenas migratorias es en septiembre, mientras que en enero y febrero tienen lugar la puesta de huevos de las tortugas.

(i) ···

Qantas tiene vuelos regulares entre Brisbane y Gladstone. Desde aquí se puede llegar a la isla Heron en ferry o helicóptero, alternativa esta última que permite ver La Gran Barrera desde el aire. El ferry tiene salidas diarias, pero pueden tan sólo utilizarlo los huéspedes del Heron Island Resort o los científicos alojados en el centro de investigación. Las tarifas del complejo incluyen la comida y la calidad es excepcional (No se pierda el buffet de pescado y marisco del sábado por la noche). Si no se está alojado en la isla, la única manera de visitarla es alquilando un barco. Dado que se trata de un parque marino, se permite practicar el submarinismo en los arrecifes alrededor de la isla.

Playa de la isla Heron.

Garzas en la playa.

Coral de la isla Wilson.

Peregrinos a su paso por Nangkhor.

El palacio del Potala visto desde la terraza del templo de Jokhang.

Lhasa

Tíbet

No es únicamente la altitud la responsable de la sensación de vértigo que se experimenta en Lhasa, aunque a más de 3.650 metros de altitud lo cierto es que se dispone tan sólo del 65 por ciento del oxígeno del que se tiene al nivel del mar. Esa sensación se debe también a la profunda espiritualidad del lugar, así como a la mezcla del aroma del humo de enebro y el omnipresente olor de la mantequilla de yak.

La parte china de la ciudad se caracteriza por sus dimensiones y edificios modernos, pero el barrio tibetano antiguo posee todavía una atmósfera etérea y casi medieval, en particular el laberinto de callejuelas que rodean el templo de Jokhang. Éste es el gran centro espiritual del budismo tibetano; se acabó de construir en el año 647 d.C., si bien desde entonces se ha ampliado y restaurado continuamente, la última vez para reparar los daños que se produjeron cuando los chinos llevaron al Tíbet su revolución cultural.

Hay varias rutas de peregrinaje alrededor del Jokhang. La más larga, denominada Linkhor, transcurre por toda la ciudad. Barkhor, o senda media, es un circuito circular que discurre por el exterior del templo. Durante todo el día y parte de la noche se mueve una constante corriente de peregrinos a lo largo de Barkhor, siempre en el sentido de las agujas del reloj. Los fornidos khambas, originarios de las tierras altas orientales, que

Peregrino con un rosario.

se hacen notar por las vistosas cintas rojas que llevan trenzadas en el pelo, se entremezclan con monjes de hábito escarlata y nómadas golok con grandes abrigos de piel de oveja. La mayor parte hacen girar los característicos «molinos» de oración a medida que avanzan, susurrando oraciones con largos rosarios. Mientras unos vagan y conversan, otros hacen penitencia postrándose a lo largo de la ruta. Protegidos por delantales de cuero y unas paletas de madera en las manos, se arrojan sobre el enlosado, produciendo un sonido que resuena por todo la Bakhor.

En la plaza frente al Jokhong se encuentran dos grandes braseros en los que los peregrinos queman sus ofrendas de enebro. Su picante fragancia será un eterno recuerdo de Lhasa. Hay también un mercadillo en el que se vende todo lo que los peregrinos necesitan para sus devociones: mantequilla de yak, banderas y molinos de oración y, naturalmente, enebro fresco.

Peregrinos descansando en el exterior del Jokhang.

Peregrina alrededor del Potala.

En el atrio principal del templo hay dos gigantescos molinos de oración mantenidos siempre en movimiento por la constante corriente de peregrinos. En el patio frente al templo, peregrinos de todas las edades se
postran una y otra vez en un repetitivo ritual, aparentemente insensibles
al cansancio.

En el interior del Jokhang, el exterior de la sala principal de oración
está flanqueado por una doble fila de molinos de oración. La ruta interior
de peregrinaje es la llamada Nangkhor y los peregrinos que la siguen intentan hacer girar cada uno de los molinos de oración para que sus oraciones asciendan al cielo.

Lámparas alimentadas con mantequilla de yak en el templo
de Jokhang, con 1.350 años de antigüedad.

En el oscuro interior de la sala principal del Jokhang el aire está im-
pregnado del olor de las lámparas de mantequilla de yak, y el ocasional
sonido del grave canto salmódico de los monjes confiere al lugar un sobrecogedor ambiente de santidad. Los peregrinos caminan alrededor del
exterior de la sala principal —cuyo interior, decorado con estatuas de
abades anteriores y una gigantesca imagen dorada de Buda, está reservado a los monjes— así como de una serie de pequeñas capillas y estatuas.

Peregrino en la ruta de Barkhor.

Tejados dorados del templo de Jokhang.

El palacio del Potala domina el conjunto de la ciudad de Lhasa. Residencia antaño del Dalai Lama, el líder espiritual del budismo tibetano, hoy es poca cosa más que un museo. Al pasear por los aposentos privados me invadió un gran sentimiento de culpabilidad y tristeza, considerando que debía ser el Dalai Lama y no yo el que debiera estar allí.

El Dalai Lama, que huyó del Tíbet en 1959 como consecuencia de la invasión china a los inicios de los años cincuenta, ha manifestado recientemente que ha perdido toda esperanza de que el Tíbet sea liberado. A pesar de que los tibetanos gozan de una mayor libertad religiosa que la que tenían al inicio de la dominación china, todavía están prohibidos los retratos del Dalai Lama y la disidencia está sometida a una rígida represión. La inmigración desde China ha llevado a que, en la actualidad, los tibetanos sean minoría en su propio país, con lo que ni la convocatoria de un referéndum sobre el futuro de la nación permitiría cambiar la situación actual.

(i) ··

El Tíbet es una zona sensible desde el punto de vista político, por lo que las normas para visitarlo pueden cambiarse sin previo aviso. Se necesita un permiso especial, así como un visado chino. El modo más sencillo es contratar un viaje organizado desde Katmandú o desde la ciudad china de Chengdu, si bien a los turistas procedentes del Nepal no se les permite casi nunca cambiar la duración de su estancia tras su llegada. En cambio, los que llegan desde Chengdu se les permite cambiar la fecha del vuelo de vuelta y permanecer en Lhasa durante el tiempo que permita el visado. Se pueden organizar viajes en grupo con otros turistas desde ambos lugares en un par de días. En el momento de escribir este libro, tan sólo es posible viajar por libre individualmente desde Chengdu (Shigatse Travels, una agencia de viajes de Lhasa, le puede ayudar a organizar el viaje). Muchos turistas prefieren alojarse en los establecimientos regentados por tibetanos en lugar de por chinos, no dudando en sacrificar algo de comodidad en aras de disfrutar de un ambiente más auténtico.

Entrada a la sala principal de culto del templo Jokhang.

Mujeres khamba en la ruta de Barkhor con el Potala al fondo.

Yangshuo
Guilin, China

Paisaje kárstico en Xingping.

El bullicioso pueblo turístico de Guilin, en la provincia de Guangxi, es mundialmente famoso por sus picos de piedra caliza, que se alzan majestuosos sobre los verdes y fértiles arrozales. Sin embargo, los mejores paisajes se encuentran en Yangshuo, río abajo del Li Jiang.

Hay una compañía turística oficial de barcos que cubre esta ruta, pero que está pensada sobre todo para el incipiente turismo doméstico, y que carga un drástico sobreprecio a los extranjeros, a los que conduce después rápidamente de regreso a Guilin en coches. Una opción más agradable es tomar

un autobús de Guilin a Yangshuo y permanecer unos cuantos días en este tranquilo pueblo, alquilar una bicicleta y explorar los alrededores sin prisas.

Las zonas con picos de piedra caliza salpicadas de cavidades erosionadas y cuevas se conocen técnicamente como «karst». Aun cuando hay otros lugares donde existen este tipo de formaciones, como Vang Vieng, en Laos, o Viñales en Cuba, ninguno tiene la complejidad ni la magnitud de los que rodean a Yangshuo. Los picos se extienden hasta donde alcanza la vista y tienen nombres tan pintorescos como El león que asciende la colina de los cinco dedos, o El abuelo que mira la manzana.

La mejor hora para contemplar los paisajes es por la mañana temprano y a última hora de la tarde. La luz es mejor, y además, se evitan el calor
y la humedad del día. Por otro lado, este tipo de paisajes ofrece una apa-
riencia plana y sombría a la luz del mediodía. El amanecer y el ocaso son
momentos especialmente evocadores, incluso aunque el tiempo no
acompañe, que además empeora cada vez más como consecuencia de la
contaminación generada por la rápida industrialización china. Los mejores lugares para contemplar el paisaje son las cimas de los picos; y se
debe de subir a un par de ellos durante su estancia en Yangshuo. La vista
que se tiene desde Yuelian Shan «la Colina de la Luna» sobre un mar de
picos envueltos en las nieblas matinales es una de las más espectaculares de la región y justifica un paseo de media hora en bicicleta y de otro
tanto de ascensión a pie antes del amanecer.

También se puede contemplar una imagen no menos espectacular del
sol ocultándose tras los picos que rodean Yangshuo desde Pantao Shan,
adonde se llega por un empinado y escabroso sendero. La cima está salpica-
da de mástiles de radio y televisión, pero se puede disfrutar de una vista panorámica de 360 grados. No permanezca demasiado tiempo en la cima para
de ese modo evitar tener que hacer el difícil descenso en completa oscuridad.

Paisaje kárstico en las afueras de Yangshuo.

A una hora de autobús de Yangshuo se encuentra Xingping, desde donde se puede contratar un viaje (no oficial) en bote para ver el paisaje más impresionante sobre el río; se pueden contratar en cualquiera de los restaurantes o pensiones de Yangshuo. Las montañas calizas se alinean una tras otra a lo largo de las dos orillas del río y se tienen diferentes panorámicas de los picos y los arrozales que rodean Yangshuo. La mayor parte de estos recorridos incluyen un pequeño pueblo de pescadores, en uno de los cuales se detuvo el ex presidente de Estados Unidos Bill Clinton.

En las afueras de Xingping se encuentra probablemente el lugar más famoso de toda la región: un recodo del río entre picos calizos, que se inmortaliza en los billetes de 20 yuanes. La imagen que hay en éstos es calcada a la de la realidad, incluidos los matorrales de bambú. Todo ello se encuentra bastante bien conservado a pesar de la afición de los chinos por los fuegos artificiales y los horribles edificios, que irónicamente se promocionan por su entorno «virgen».

Uno de los grandes símbolos de la región de Guilin, y como tal retratado en un sinfín de portales, es la pesca con cormorán, que tiene lugar por la noche en el río. Hay embarcaciones que llevan a ver cómo los pescadores utilizan cormoranes entrenados para pescar. El entrenamiento deja

de todos modos algo que desear, ya que los pescadores les colocan a los cormoranes un anillo en el cuello para evitar que se traguen las presas.

Siempre se puede encontrar algún pescador con cormorán dispuesto a posar, por unos pocos yuanes.

ⓘ ....

Al aeropuerto de Guilin se puede llegar directamente desde Beijing, Shanghai y Chengdu, así como desde otras ciudades chinas. Los autobuses a Yangshuo salen cada hora; el viaje dura unas dos horas y el trayecto atraviesa algunos paisajes extraordinarios. La oferta de alojamiento en Yangshuo es enorme, desde pensiones muy baratas al Yangshuo Resort Hotel de tres estrellas. En los hoteles, los albergues y los restaurantes se pueden contratar las excursiones a Xingping así como para ver pescar con cormorán. También se puede alquilar en ellos bicicletas para visitar los alrededores.

Recodo del río en Xingping, tal como aparece en los billetes de 20 yuanes.

Vista de los picos desde Pantao Shan, en Yangshuo.

La catedral de la Asunción de María vista desde las murallas de la ciudad.

La ciudad vista desde el norte.

A vista de pájaro y al contemplar los techos recubiertos de tejas rojas del casco antiguo de Dubrovnik, en su tranquila ubicación junto a las frescas aguas de Mediterráneo, es difícil imaginar que su historia esté jalonada de intrigas políticas, guerras y episodios de destrucción. Pero las apariencias engañan, pues Dubrovnik posee un pasado más accidentado y violento que la mayor parte de las ciudades europeas.

Durante buena parte de su larga historia, Dubrovnik fue una ciudad-estado independiente. Entró en la zona de influencia de Venecia y más tarde bajo su protección en el siglo XIII, y de Hungría un siglo y medio después. La ciudad conservó su independencia gracias a una hábil diplomacia y al pago de tributos. Bajo estas condiciones se desarrolló como un próspero Estado democrático con una amplia red de enclaves comerciales. A medida que la ciudad fue ganando importancia, se llevaron a cabo numerosos proyectos arquitectónicos, las murallas de la ciudad entre ellos, y Dubrovnik se convirtió en destino de escritores y artistas.

Aunque Dubrovnik cayó en manos del Imperio otomano en el siglo XVI, la ciudad continuó floreciendo hasta que en 1667 fue casi totalmente destruida por un terremoto. Fue reconstruida en 1683, pero su poder se vio debilitado por los cambios en las alianzas comerciales y las guerras que sacudieron a Europa durante el siglo XVIII. El golpe de gracia definitivo se lo dio Napoleón al abolir formalmente la efímera independencia de Dubrovnik, que propició el bombardeo de la misma por las tropas británicas.

La ciudad languideció por las guerras subsiguientes y los avatares de la política europea, pero volvió a primera línea de la actualidad durante la guerra de los Balcanes –en los años noventa del siglo XX– que siguió a la desintegración de Yugoslavia. Durante el sitio de la ciudad, que duró siete meses, cayeron sobre ella más de dos mil bombas.

Vista de la ciudad y del puerto.

Vista desde las murallas de la ciudad, con la isla de Lokrum al fondo.

A pesar de la destrucción sufrida, Dubrovnik conserva toda su belleza. En realidad, los daños sufridos durante el sitio han sido reparados con tal acierto (con el patrocinio de la Unesco), que uno bien podría pensar que la guerra no tuvo nunca lugar.

El modo más fácil de orientarse en Dubrovnik es pasear por el camino de ronda de las imponentes e inmensamente gruesas murallas del siglo XIII que rodean el casco antiguo. En el punto más elevado de las mismas, en el lado de la montaña, se encuentra la torre Minceta, desde la que se tienen las mejores vistas panorámicas de la ciudad, de la isla Lokrum, junto a la bocana del puerto, y del mar Mediterráneo al fondo. Por entre las almenas de la torre se pueden ver las estrechas calles y patios. Las cúpulas y los capiteles de las iglesias emergen de entre los tejados recubiertos de tejas rojas, y la dorada luz de la puesta del sol los ilumina y recorta la silueta de la ciudad con los paisajes que la rodean de fondo.

El paseo principal, el Stradun, de más de doscientos metros, divide la ciudad en dos partes, desde la puerta de Pile, en el lado oeste, hasta la Torre del Reloj, a la entrada del puerto. Hace mucho tiempo era una frontera que separaba las poblaciones latina y eslava de la ciudad.

Las murallas de la ciudad llegan al borde mismo de las aguas del Mediterráneo.

Las murallas de la ciudad y una calle contigua.

Cuando se pasea por las estrechas calles alrededor del Stradun uno se da cuenta de lo estrechamente unida que está la comunidad: las casas del casco antiguo son pequeñas y están apretadas las unas junto a las otras, con tendederos entre ellas; los niños juegan en la calle y los vecinos sentados en los portales o asomados a las ventanas charlan dejando pasar el tiempo.

Situada en el centro de una de las costas más bellas de Europa, Dubrovnik es un lugar perfecto para pasar unos días. Aunque no llega a la grandeza de Venecia y el poder e influencia que ostentó en los siglos XV y XVI desaparecieron hace ya mucho tiempo, esta pequeña y modesta ciudad conserva todo su propio y seductor encanto.

ⓘ ....

Hay vuelos chárter a Dubrovnik desde muchas ciudades, pero hay pocas opciones para los que desean la flexibilidad de los vuelos regulares. Alitalia vuela a Dubrovnik con escala en una de tres ciudades italianas. También se puede volar a Belgrado y después utilizar un vuelo doméstico de Croatia Airlines. Abundan los alojamientos, pero vale la pena reservar para los meses de verano. La mayor parte de los hoteles de mejor calidad se encuentran fuera de las murallas de la ciudad.

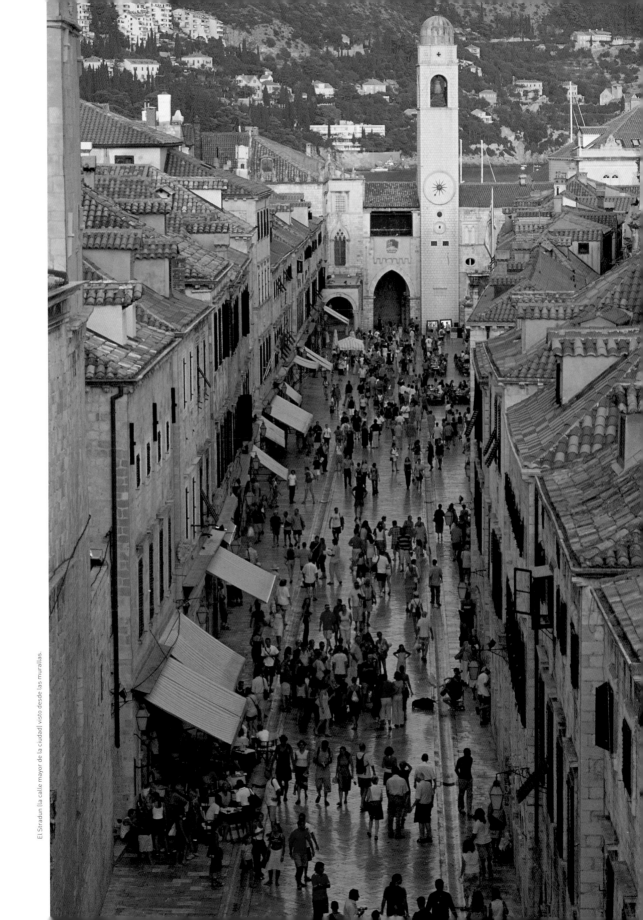

El Stradun (la calle mayor de la ciudad) visto desde las murallas.

Éfeso

Turquía

Columnas en la avenida que conduce al templo de Domiciano.

Puesta de sol sobre el anfiteatro.

Entre todas las ruinas romanas a lo largo del Mediterráneo, las mejor conservadas son sin duda las de Éfeso. Aun cuando hasta ahora solamente se ha excavado un 10 por ciento del recinto arqueológico, la riqueza de lo descubierto permite hacerse una perfecta idea de la vida cotidiana de sus habitantes: las letrinas de los baños públicos eran comunitarias y se hallaban ubicadas en un único lugar; el burdel estaba cruzando la calle frente a la biblioteca de Celso; el ágora, la zona del mercado, era muy amplia, lo que demuestra la importancia del comercio en la ciudad; los templos se sucedían uno tras otro, y el cementerio para gladiadores ha resultado interesante.

Las ruinas están repartidas en las laderas de dos colinas, con dos zonas planas entre ellas conectadas por la calle de Curetes. La zona más baja, que es la más cercana al antiguo puerto, tiene un vasto anfiteatro con capacidad para 25.000 espectadores. Todavía hoy se organizan conciertos en este lugar.

También en la parte baja se halla la biblioteca de Celso, sin duda la ruina singular más impresionante de Éfeso, y que cuando mejor muestra su belleza es a la salida del sol. Todo lo que queda de ella es la fachada principal con las entradas al edificio original y dos grandes pisos de columnas, estatuas y ventanas. Gracias a una sutil aplicación del arte de la

Templo de Adriano.

perspectiva, el edificio, visto desde el nivel del suelo, parece mucho mayor de lo que es en realidad.

La calle de Curetes asciende desde la biblioteca y bajo su pavimento discurre un sofisticado sistema de alcantarillado y canalización de agua. A ambos lados de la calle hay columnas y fachadas, restos de diversas mansiones, baños públicos con letrinas dispuestas en fila, un burdel, comercios y templos.

Éfeso fue fundada por una colonia de griegos que llegó al lugar entre los siglos X y XI a.C. Bajo su influencia se convirtió en una gran ciudad portuaria, cuya población llegó a alcanzar los 200.000 habitantes. El templo de Artemisa (Diana), que se construyó en ese período, fue una de las siete maravillas del mundo. Las ruinas que hoy se pueden ver, a unos 5 km de

Biblioteca de Celso.

Vista a lo largo de la calle de Curetes, desde el monumento de Memmius (*inferior izquierda*), en dirección a la biblioteca de Celso.

la costa, corresponden a las de la ciudad fundada en el siglo III a.C. por Lisímaco, uno de los generales de Alejandro Magno. En el siglo II a.C. la ciudad cayó bajo la dominación romana y más tarde se convirtió en un importante centro del cristianismo (San Pablo la visitó repetidas veces).

En el Museo de Éfeso, en Selçut, se exhibe una gran colección de objetos y estatuas de Éfeso que permiten imaginarse cómo debió de ser la ciudad y la vida en ella.

ⓘ ....

El aeropuerto más cercano a Éfeso es el de Izmir, a 30 km de la vecina ciudad de Selçut. Las ruinas se pueden visitar desde las 8.00 horas, que es cuando, en verano, el sol empieza a iluminarlas directamente. Las puertas de acceso se cierran a las 19.00 horas, por lo general se puede permanecer en el recinto durante una hora más. A veces se iluminan las ruinas con ocasión de eventos especiales; vale la pena intentar hacer coincidir la visita con alguno de ellos, ya que la vista resulta impresionante. Hay muchos turistas que hacen una visita de un día desde poblaciones turísticas cercanas como Kusadasi, pero si se quiere conocer realmente Éfeso conviene alojarse en Selçut, a 3 km de ella. El mejor hotel es el Kalehan.

El ágora, cerca de la biblioteca de Celso.

Estatua en la fachada de la biblioteca de Celso.

Biblioteca de Celso.

El Bund

Shanghai, China

Pudong, el Bund y el río Huangpu vistos desde el Peace Hotel.

Pocas ciudades en el mundo pueden presumir de haber generado con su nombre un verbo inglés. *To shanghai* significaba originalmente secuestrar a un borracho y enrolarlo a la fuerza en un barco, pero posteriormente su significado se amplió al de obligar a alguien a hacer algo mediante el uso del fraude o la fuerza.

El verbo se adapta perfectamente a una ciudad que antaño fue el centro comercial de China y de gran parte de Asia, y que albergaba todo un submundo de vicio, juego, prostitución y opio. Los británicos obtuvieron la pri-

Un edificio del Bund.

mera concesión comercial en 1842 tras la primera guerra del opio, cuando el gobierno chino se vio obligado a volver a legalizar la importación de la droga. La explotación comercial de China por Europa había comenzado. Grandes fortunas se ganaron con el comercio y se perdieron en la ruleta. En Shanghai florecieron un sinfín de intrigas, se alimentaron toda clase de perversiones y se permitió que las bandas de criminales dominaran las calles. Con razón, la ciudad fue conocida como la «Prostituta del Oriente».

Otros países, especialmente Francia, obtuvieron concesiones comerciales más tarde y no tardó en cobrar forma una ciudad europea virtual.

La Shanghai europea se dio un ligero barniz de respetabilidad con la creación del Bund, una imponente serie de edificios a lo largo del río Huangpu. En muchos de ellos se ubicaron las oficinas centrales de grandes empresas, compañías de seguros y bancos. Sin embargo, el edificio más imponente es el de la Aduana, uno de los pocos que aún conservan su función original. Otro de los que hay que visitar es el Peace Hotel, antes llamado Cathay Hotel, y que fue el lugar más sofisticado del Shanghai europeo. Sus interiores de estilo *art decó* se han restaurado recientemente y es el hotel con más historia y mayor ambiente de la ciudad.

Aunque el vicio y la intriga desaparecieron de Shanghai cuando los comunistas ocuparon el poder en 1949, están volviendo con fuerza en los últimos años. Cuando se camina a lo largo del Bund se recibe continuas ofertas de Rolex falsos e incluso de sexo.

Panorámica del Bund.

Vista de la ciudad desde la cúspide de la torre de televisión Oriental Pearl.

En una contundente muestra de la personalidad china, las autoridades de la ciudad no demolieron los vestigios de la época colonial; simplemente los empequeñecieron haciendo parecer insignificantes los edificios del Bund. En una serie de terrenos pantanosos desecados en una de las orillas del río Huangpu crearon la zona de Pudong, donde desde 1990 se suceden edificios cada vez más altos. Los más espectaculares son la torre de televisión Oriental Pearl y la torre Jinmao, de 88 pisos, de los cuales los 35 superiores pertenecen al Grand Hyatt Hotel. Se está construyendo un nuevo rascacielos, que será el edificio más alto del mundo.

Cuando se observa desde el mirador más alto de la torre de televisión Oriental Pearl o desde el bar Nine Cloud, en el último piso del Hyatt, el mar de torres de Shanghai parece amenazar a los edificios del Bund, como si los empujara al río. A pesar de ello, el Bund continúa siendo uno de los símbolos más emblemáticos de la ciudad y a nivel del suelo conserva una parte de la gravedad y presencia de antaño. Además, continúa siendo el centro de la vida de Shanghai y es que esta zona en la ribera del

Lavandería en una callejuela.

237

Vista de la nueva zona de Pudong desde el Peace Hotel.

río está siempre repleta y rebosante de vida, desde la madrugada, cuando aparece atestada de voladores de cometas, ancianos que practican *tai chi* y *qi gong*, y parejas que bailan antes de trabajar, además de los turistas procedentes de toda China que se congregan para fotografiarse frente al Bund y al Pudong, hasta la tarde, cuando los lugareños salen para pasear y disfrutar de la fresca brisa del río.

Todavía se pueden visitar las viejas calles de Shanghai en el barrio chino. Parece paradójico que exista un barrio chino en una ciudad china, pero esta zona es una reminiscencia de los días en los que los europeos eran los verdaderos amos y los lugareños se vieron confinados en ciertas partes de la ciudad. Un cartel en los antiguos jardines públicos británicos, en uno de los extremos del Bund, prohíbe el acceso, entre otras cosas, a los perros y a los chinos.

Muchas de las antiguas calles se han demolido para construir en ellos las torres del nuevo Shanghai y el resto está amenazado por la imparable acometida del progreso. Entre las calles que han logrado sobrevivir, algunas de las de más ambiente se encuentran entre los antiguos Yu Yuan («Jardines de Jade») y el río. Los jardines son típicamente chinos y se crearon a mediados de siglo XVI, durante la dinastía Ming. Sombreados estanques, jardines rocosos y pagodas conforman un remanso de paz en la bulliciosa ciudad, cuyo ambiente se ve únicamente alterado por el vecino Yu Yuan Bazaar, un complejo de locales «a la antigua» en constante crecimiento.

La vida en las antiguas calles de Shanghai parece haberse estancado en el tiempo durante generaciones, y resulta fácil imaginar a marineros y comerciantes entrando en calles como éstas en busca de mujeres u opio. El presente es, desde luego, menos dramático y la vida se desarrolla a un ritmo más lento.

Shanghai es la puerta de entrada más importante a China y se puede llegar a ella por vía aérea desde la mayor parte de los países del mundo. Aun cuando la oferta de alojamiento es enorme, la elección es obvia: bien el ambiente de época del Peace Hotel, en el mismo Bund, bien en el rascacielos, el moderno Grand Hyatt Hotel. La ciudad se extiende por muchos kilómetros, pero los lugares que merece la pena visitar se encuentran a lo largo del río, en el Bund o en la zona ganada al río de Pudong. La ciudad dispone de un moderno metro y se puede cruzar el río en ferry. Es imprescindible ver los famosos acróbatas de Shanghai.

Haciendo gimnasia en el Bund.

El Bund.

Cúpula y minarete de la mezquita de Bibi Khanum.

Cúpula de la madrasa de Tillya Kari.

La gran ciudad de Samarcanda se encuentra en la llamada Ruta de la Seda, que unía China con Europa a través de Oriente Medio. La ciudad se enriqueció con el comercio y en ella se construyeron algunos de los edificios más bellos del mundo islámico.

Detalle de la madrasa de Shir Dor.

Como consecuencia de su posición estratégica, Samarcanda ha sido conquistada y saqueada en numerosas ocasiones en su larga y sangrienta historia. El primer asentamiento en el lugar data del siglo VI a.C. y fue conquistado por Alejandro Magno dos siglos más tarde. A medida que se consolidó la ruta comercial, fue prosperando y ganando poder, a pesar de caer bajo el dominio de los turcos y de los hunos. Tal como registró el monje y viajero budista Xuan Zang cuando llegó a ella en el año 630 d.C., la ciudad continuó su floreciente progreso.

En ese tiempo, la religión de la ciudad era el zoroastrismo persa, pero cuando fue invadida por Qutaiba ibn Muslim en el año 712 se convirtió al islam. Éste fue el punto de partida de un gran período de desarrollo cultural que se interrumpió cuando, en el siglo XIII, la ciudad fue saqueada por los mongoles de Genghis Khan, quien masacró a gran parte de la población.

Cuando otro gran viajero, Marco Polo, llegó a Samarcanda a finales del siglo XIII, la ciudad había sido reconstruida y se deshizo en alabanzas sobre ella. El 1370, Tamerlán, el héroe nacional uzbeco, escogió Samarcanda como capital de la relativamente pequeña región de la Transojiana y desde allí comenzó la expansión de su imperio, que llegó hasta la India y Siria. Mandó

construir en la ciudad grandes edificios, el más notable de los cuales es la mezquita de Bibi Khanum. El nieto de Tamerlán, Uleg Beg, reinó en la ciudad hasta que ésta cayó en poder de los nómadas uzbecos. A su vez, el nieto de Uleg Beg, Babor, volvió a conquistar la ciudad en 1512, pero al poco fue expulsado a la India, donde fundó el imperio mogol, marcando así el fin de una era dorada. Devastada por terremotos, asolada por los saqueos y afectada por los cambios en las rutas comerciales, Samarcanda cayó en manos de los bolcheviques y pasó a formar parte de la Unión Soviética en el año 1924.

El antiguo centro de Samarcanda es el Registán. Tres de los lados de esta plaza, una de las más bellas de Asia, están ocupados por madrasas (escuelas islámicas). Uleg Beg construyó la plaza y la primera madrasa en el siglo XV. Las imponentes fachadas de las madrasas conducen a patios finamente decorados y rodeados por dos pisos de pequeñas celdas, en las que vivían y estudiaban los alumnos.

Irónicamente, a pesar de todo su anticlericalismo y el desprecio que sentían por el islam, fueron los soviéticos los que restauraron buena parte del Registán, enderezando minaretes semicaídos y reconstruyendo las características cúpulas con tejas de color azul turquesa. Éstas brillan to-

Detalle de la mezquita de Bibi Khanum.

Madrasa de Shir Dor.

Madrasa de Shir Dor.

Madrasa de Shir Dor.

davía con una iridiscencia que recuerda al agua, de la que tanto carecen estas áridas tierras.

El islam prohíbe la representación de los seres vivos, de ahí que las madrasas estén decoradas con motivos ornamentales (nunca simétricos, ya que también están prohibidos), intrincadas citas del Corán escritas en caligrafía kufí e inscripciones que ensalzan la magnificencia de los edificios. No deja de resultar curioso el hecho de que en la madrasa de Shir Dor, en el lado oriental de la plaza, haya dos representaciones de leones frente al sol con un rostro humano. Esta aparente herejía se atribuye en parte al ego del gobernador que construyó la madrasa y también a la continuada influencia de los zoroastristas persas, que veneraban el poder del Sol.

Las madrasas de Uleg Beg y Shir Dor están flanqueadas por minaretes construidos más como complementos arquitectónicos que como puntos de llamada a la oración para los fieles, ya que estos edificios estaban destinados más al estudio que a la oración. Sin embargo, en tiempos de Tamerlán se utilizaron para las ejecuciones públicas (el modo más habitual de ajusticiar a los criminales consistía en arrojarlos desde lo alto metidos en un saco).

Por muy poco dinero, cualquiera de los guardias uniformados permite subir por los desmoronados escalones que conducen a la parte superior del minarete norte de la madrasa de Ulug Beg, desde donde se tiene una de las vistas más impresionantes sobre la ciudad, incluida la mezquita de Bibi Khanum. Tamerlán mandó construir esta gran mezquita utilizando los materiales más ricos después de saquear la ciudad de Delhi en 1398.

En el bazar adyacente, la vida y el comercio continúan como en los tiempos en que la Ruta de la Seda traía a la ciudad todo tipo de especias exóticas, panes árabes decorados, oro y tejidos.

ⓘ ....

Se llega fácilmente a Samarcanda en autobús o en avión desde Tashkent, la capital uzbeka. Son muchas las líneas aéreas que vuelan a Tashkent, incluso la British Mediterranean. Uzbekistan Air tiene una flota bastante moderna y cuenta con una relativamente extensa red de vuelos por todo el mundo. Puede ser difícil adquirir billetes de vuelos domésticos desde el extranjero, por lo que conviene enlazarlos con el vuelo desde el país de origen.

Detalle de la plaza de Ragistán.

Madrasa de Shir Dor.

245

Killary Harbour
Connemara, Irlanda

Connemara es una zona que, en opinión de muchos, aúna todo lo grande y bello de Irlanda y su desolada costa occidental. En la mellada línea de la costa abundan las bahías y estuarios, pero nada hay tan notable como Killary Harbour, un lugar donde el mar y las montañas confluyen dramáticamente en la línea divisoria entre los condados de Galway y Mayo.

Este puerto, que separa las montañas Mweelrea y Sheefry, en el litoral norte, de las montañas Maumturk y y los Twelve Beans, en el litoral sur, es en realidad el único fiordo de Irlanda. Se formó durante la última era glacial, durante la cual los glaciares excavaron entre las montañas los ca-

Vista de la boca de Killary Harbour desde cerca de Tully Cross, en el condado de Galway, con el Mweelrea al fondo.

racterísticos valles en forma de «U» para a continuación deshelarse, aumentando así el nivel del mar, que acabó cubriendo este puerto natural.

En Mayo, a 1,5 km al norte del puerto, se encuentra el Delphi Lodge y, valle arriba, el bello y escabroso Lough Doo. En 1849, obligados por el hambre, los habitantes de Mayo hicieron el arduo viaje a través del paso Lough Doo hasta Delphi, en el que muchos perecieron.

Al sur del puerto, unos pocos kilómetros más allá de Lough Fee, se encuentra la abadía benedictina de Kylemore, con una pintoresca situación en la base del monte Duchruach, en la orilla de Lough Pollacappul. Las playas y los caminos en torno a Renvyle, en el lado sur de la bocana

KILLARY HARBOUR

del puerto, son los que ofrecen las mejores vistas del puerto y las montañas, así como de la isla de Inishbofin.

La senda occidental pasa por Connemara y todas las cadenas de montañas alrededor del puerto. Desde el tramo sobre el puerto, al oeste de Leenane, se puede disfrutar de una gran vista de la puesta del sol en la boca del puerto y de las islas que hay en su interior.

Al pueblo de Leenane, en el extremo del puerto, se le llama con frecuencia la «Puerta de Connemara». Presume de las mejores vistas sobre el puerto y de dos pubs muy concurridos, lo que en esta parte de Irlanda lo convierte en una gran metrópoli. Tanto si uno se refugia en uno de ellos

Ballynakill Harbour, en el condado de Galway.

Lough Doo.

para resguardarse de alguno de los frecuentes aguaceros como si decide trasnochar para asistir a un puesta de sol perfecta, uno encontrará a buen seguro abundantes pruebas de la legendaria *craic* (diversión) irlandesa.

El clima en esta parte del mundo es difícil y muy variable debido a que las montañas y el océano Atlántico crean unas condiciones especiales que pueden cambiar en cosa de minutos. Las nubes ocultan casi siempre la cima del monte Mweelrea, el más alto de Connemara, incluso en los días claros, y las tormentas se pueden presentar de repente en esta zona. Pero, con buen tiempo, no hay ningún lugar más bello que Connemara.

ⓘ ....

Los tres aeropuertos más cercanos a Killary Harbour son los de Galway, Shannon y Dublín. El viaje en coche desde ellos dura una hora y media, tres horas y de cinco a seis, respectivamente. La ciudad grande más próxima es Clifden, en la que hay numerosas alternativas para alojarse. También hay hoteles y cámpings repartidos por toda la zona. El clima puede ser duro pero cambia lo bastante rápido como para tener la suerte de disfrutar de algo de buen tiempo. La mejor época es la de pleno verano, pero es también la más concurrida; el tiempo es similar entre mayo y septiembre.

Dunas de Doovilra, condado de Mayo. *Doble página siguiente:* Puesta de sol en Renvyle, condado de Galway.

1 ANGKOR WAT, CAMBOYA

2 SAN PETERSBURGO, RUSIA

3 LA HABANA, CUBA

4 WAT PHRA KAEO, BANGKOK, TAILANDIA

5 EL GRAN CAÑÓN, ARIZONA, EE.UU.

6 TAJ MAHAL, AGRA, INDIA

7 CASTILLO DE EILEAN DONAN, ESCOCIA

8 LA ALHAMBRA, GRANADA, ESPAÑA

9 AITUTAKI, ISLAS COOK

10 PIRÁMIDE DE KUKULCÁN, MÉXICO

11 VENECIA, ITALIA

12 DEAD VLEI, NAMIBIA

13 CATARATAS DE IGUAZÚ, BRASIL Y ARGENTINA

14 PETRA, JORDANIA

15 EL FIORDO COLLEGE, ALASKA, EE.UU.

16 EL TEMPLO DE KARNAK, LUXOR, EGIPTO

17 RÍO DE JANEIRO, BRASIL

18 SELVA DE TAMAN NEGARA, MALASIA

19 LA FORTALEZA DE JAISALMER, INDIA

21 MANHATTAN, EE.UU.

22 EL LAGO TITICACA, BOLIVIA Y PERÚ

23 JARDINES DE MONET, GIVERNY, FRANCIA

24 CRÁTER DEL NGORONGORO, TANZANIA

25 SANTORINI, GRECIA

26 EL ANFITEATRO DRAKENSBERG, SUDÁFRICA

27 ZANZÍBAR, TANZANIA

28 MAKALU, HIMALAYA, NEPAL

29 LALIBELA, ETIOPÍA

30 MACHU PICCHU, PERÚ

31 ULURU, AUSTRALIA

32 LOS *GHATS*, VARANASI, INDIA

33 LA GRAN BARRERA DE ARRECIFES DE CORAL, AUSTRALIA

34 LHASA, TÍBET

35 YANGSHUO, GUILIN, CHINA

36 DUBROVNIK, CROACIA

37 ÉFESO, TURQUÍA

38 EL BUND, SHANGHAI, CHINA

39 SAMARCANDA, UZBEKISTÁN

Páginas web de interés

Camboya

Bangkok Airways
www.bangkokair.com

Amansara Resort
www.amanresorts.com

Ministerio de Turismo
www.mot.gov.kh

San Petersburgo, Rusia

Intourist
www.intourist.com

Cuba

Ministerio de Turismo
www.cubatravel.cu

Tailandia

Autoridad de Turismo de Tailandia
www.tourismthailand.org

EE.UU.

El Gran Cañón
El Tovar Lodge
www.grandcanyonlodges.com

Departamento de Parques Nacionales
www.nps.gov/grca/grandcanyon

Nueva York
www.iloveny.com

Alaska
www.travelalaska.com

India

Indian Trends, Delhi
www.indiantrends.com

Palacio de Naryan Niwas
www.narayanniwas.com

Mr. Desert Kamel Safaris, Jaisalmer
www.mrdesertjaisalmer.com

Amarvilas Hotel, Agra
www.tridenthotelsgroup.com

Ministerio de Turismo
www.tourismindia.com

Escocia

Consejo Nacional del Turismo
de Escocia
www.visitscotland.com

España

Consejo Español de Turismo
www.tourspain.es

Paradores de España
www.parador.es

Islas Cook

Air Rarotonga
www.ck/airrarotonga

Aitutaki Pacific Resort
www.pacificresort.com

Corporación de Turismo
de las islas Cook
www.cook-islands.com

México

Mayaland Hotel
www.mayaland.com

Consejo de Promoción Turística
de México
www.visitmexico.com

Venecia, Italia

Europa and Regina Hotel
www.starwood.com

Promoción Turística de Venecia
www.turismovenezia.it/eng

Namibia

Wilderness Safaris Namibia
www.wilderness-safaris.com

Turismo de Namibia
www.namibiatourism.com

Jordania

Royal Jordanian Airways
www.rja.com.jo

Consejo Jordano del Turismo
www.see-jordan.com

Mövenpick
www.moevenpick-hotels.com

Egipto

Oficina Estatal de Turismo de Egipto
www.touregypt.net

Egyptair
www.egyptair.com.eg

Brasil

Instituto Brasileño de Turismo
www.embratur.gov.br

Hotel Las Cataratas
www.tropicalhotel.com.br

Macuco Safari
www.macucosafari.com.br

Helisight, Río de Janeiro
www.helisight.com.br

Malasia

Taman Negara Resort
www.tamannegararesort.com

Turismo de Malasia
www.tourism.gov.my

Galápagos, Ecuador

Metropolitan Touring
www.metropolitan-touring.com

Ministerio de Turismo
www.vivecuador.com

Lago Titicaca y Machu Picchu, Perú

South American Experience, Londres
www.southamericanexperience.co.uk

Orient Express
www.orient-express.com

Turismo de Perú
www.peru.org.pe

Giverny, Francia

Página web informativa
www.giverny.org

Tanzania

Sopa Lodge, cráter del Ngorongoro
www.sopalodges.com

Abercrombie & Kent Travel
www.abercrombiekent.com

Air Excel
reservations@airexcelonline.com

Hotel Arusha
www.newarushahotels.com

Turismo de Tanzania
www.tanzania-web.com

Santorini, Grecia

Servicio de reserva *online* de hoteles
en Santorini
www.santorini-hotels.net

Organización Nacional de Turismo
de Grecia
www.gnto.gr

Sudáfrica

Ezemvelo KZN Wildlife
www.kznwildlife.com

Nepal

Consejo Turístico de Nepal
www.welcomenepal.com

Etiopía

Ethiopian Airlines
www.flyethiopian.com

Comisión de Turismo Etíope
www.visitethiopia.org

Australia

Qantas
www.qantas.com.au

Ayers Rock Resort
www.ayersrockresort.com.au

Heron Island Resort
www.heronislandresort.com.au

Turismo de Australia
www.australia.com

Tíbet

Gobierno del Tíbet en el exilio
www.tibet.com

Turismo de China
www.cnta.com

China

Peace Hotel, Shanghai
www.shanghaipeacehotel.com

Turismo de China
www.cnta.com

Dubrovnik, Croacia

Oficina Nacional de Turismo Croata
www.croatia.hr

Hotel Kompas, Dubrovnik
www.hotel-kompas.hr

Éfeso, Turquía

Hotel Kalehan, Selçuk
www.kalehan.com

Ministerio de Cultura y Turismo
de Turquía
www.turizm.gov.tr

Samarcanda, Uzbekistán

Visado
www.visatorussia.com

Hoteles en Uzbekistán
www.uzbekistán.allrussiahotels.com

Turismo de Uzbekistán
www.tourism.uz

Irlanda

Hotel Renwyle House, County Galway
www.renwyle.com

Turismo de Irlanda
www.tourismireland.com

Agradecimientos

Nuestro más sincero agradecimiento a las siguientes
organizaciones y compañías por la generosa ayuda prestada.
Este proyecto no hubiera sido posible sin todas ellas.

Fotografía: Classic Photographic, Londres. **India:** Indian
Trends, Delhi; Naryan Niwas Palace. **Islas Cook:** Air Rarotonga;
Aitutaki Pacific Resort; Corporación de Turismo de las Islas
Cook. **México:** Mayaland Hotel. **Venecia:** Europa and Regina
Hotel. **Namibia:** Wilderness Safaris Namibia. **Brasil:** Instituto
Brasileño de Turismo; Hotel Las Cataratas; Macuco Safari;
Helisul Helicopter Tours, Foz do Iguaçu; Helisight, Río de
Janeiro. **Jordania:** Royal Jordanian; Consejo Jordano de Turismo.
Malasia: Taman Negara Resort. **Galápagos:** Metropolitan
Touring. **Lago Titicaca y Machu Picchu:** Southamerican
Experience, Londres; Orient Express. **Tanzania:** Sopa Lodge,
cráter del Ngorongoro; Abercrombie & Kent Travel; Air Excel;
Hotel Arusha. **Sudáfrica:** Ezemvelo KZN Wildlife. **Etiopía:**
Ethiopian Airlines. **Australia:** Qantas; Ayers Rock Resort;
Heron Island Resort; Comisión de Turismo del Territorio
del Norte. **China:** Peace Hotel, Shanghai. **Dubrovnik:** Oficina
Nacional de Turismo Croata; Hotel Kompas, Dubrovnik.
Éfeso: Hotel Kalehan; Ministerio de Cultura y Turismo de
Turquía. **Irlanda:** Hotel Renvyle House; Turismo de Irlanda.

Y, por último, un agradecimiento especial a Marc Schlossman,
quien fotografió los siguientes lugares: San Petersburgo, el
castillo de Eilean Donan, Dead Vlei, el fiordo College, las islas
Galápagos, Manhattan, el lago Titicaca, Giverny, Drakensberg,
Makalu, Machu Picchu, Dubrovnik, Éfeso y Killary Harbour.

BLUME

Título original:
Unforgettable Places to See before you die

**Traducción y adaptación de la edición
en lengua española:**
Alfonso Rodríguez Arias

**Coordinación de la edición
en lengua española:**
Cristina Rodríguez Fischer

Primera edición en lengua española 2005

© 2005 Art Blume, S. L.
Av. Mare de Déu de Lorda, 20
08034 Barcelona
Tel. 93 205 40 00 Fax 93 204 14 41
E-mail: info@blume.net
© 2004 BBC Books, Londres
© 2004 del texto Steve Davey
© 2004 de las fotografías Steve Davey
y Marc Schlossman
© 2004 de la fotografía de las orcas
de la pág. 98 Jeff Pantukhoff/Seapics.com

I.S.B.N.: 84-9801-065-9

Impreso en Gran Bretaña